COMMENT TIRER PROFIT DES LOIS DU
SUBCONSCIENT

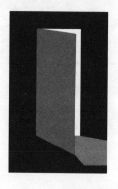

DOCTEUR JOSEPH MURPHY

COMMENT TIRER PROFIT DES LOIS DU
SUBCONSCIENT

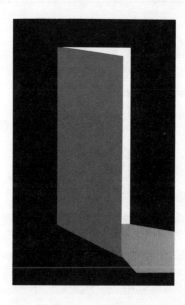

Traduit de l'anglais par
Guy Maheux

ÉDITIONS QUÉBEC/AMÉRIQUE

425, rue Saint-Jean-Baptiste, Montréal, Québec H2Y 2Z7 (514) 393-1450

Données de catalogage avant publication (Canada)

Murphy, Joseph, 1898-

Comment tirer profit des lois du subconscient
(Hors-collection)
Traduit de l'anglais.

ISBN 2-89037-455-6

1. Succès. 2. Inconscient. I. Titre. II. Collection:
Hors-collection (Montréal, Québec).

BF145.M8714   1989   158'.1   C89-096321-5

Dépôt légal:
3e trimestre 1989
Bibliothèque nationale du Québec
Bibliothèque nationale du Canada
ISBN   2-89037-455-6
Réimpression juillet 1989
Réimpression février 1990
Réimpression octobre 1990

TABLE DES MATIÈRES

CHAPITRE 1

VOTRE ESPRIT
ET SES FONCTIONS

Les suggestions et votre subconscient — Deux suggestions contraires — Comment elle traita une suggestion de mal de mer — Votre première formation — Comment elle purifia son esprit — Comment puis-je trouver la paix? — Il avait la richesse à l'esprit — Regardez à l'intérieur de vous-même — Vous pouvez vous changer vous-même — Pour vaincre le monde — Vous pouvez transcender — Comment il changea sa vie — N'oubliez jamais cette vérité fondamentale — Elle était allergique au jus d'orange — Pratiquez cette vérité — Il a dit: « Ça marche » — Votre main droite.

Notes personnelles :

_____

_____

_____

_____

_____

_____

_____

_____

_____

_____

_____

———————————————
———————————————
———————————————
———————————————
———————————————
———————————————
———————————————
———————————————
———————————————
———————————————
———————————————
———————————————

Vous n'avez qu'un seul esprit, mais cet esprit possède deux phases ou fonctions. Dans ce chapitre, je me propose d'en faire la distinction d'une façon claire et facilement compréhensible. Chaque phase est caractérisée par son propre phénomène, lequel est lui-même doué de propriétés particulières. Chacun de ces esprits est capable d'une action indépendante, mais cela ne veut pas dire que vous êtes doté de deux esprits.

Dans ce livre, vous apprendrez à vous servir des deux phases de votre esprit d'une manière synchrone, harmonieuse, paisible ; en conséquence, vous mettrez l'harmonie, la santé et l'abondance dans votre vie. Les termes utilisés pour désigner les deux fonctions de votre esprit sont les suivants : « esprit objectif » et « esprit subjectif », « esprit conscient », et « esprit subconscient ». D'autres appellent ces deux états de conscience « état supraliminaire » et « état subliminal » (infraliminaire), d'après les anciens psychologues.

Tout au long de cet ouvrage, j'ai choisi d'utiliser les termes «conscient» et «subconscient». L'esprit objectif, ou conscient, prend connaissance du monde objectif au moyen des cinq sens objectifs, alors que l'esprit subjectif, ou subconscient, est cette intelligence qui se manifeste dans tous les états et conditions subjectifs, comme les rêves, les visions nocturnes, les solutions aux problèmes, les sources d'inspiration, les conseils, la guérison, etc. Votre esprit subconscient prend soin de tous vos organes vitaux lorsque vous dormez profondément. Il se charge de votre respiration, de votre circulation sanguine, et il s'assure que votre cœur fonctionne parfaitement de même que les autres fonctions essentielles de votre corps. Votre esprit conscient est votre guide dans vos contacts avec l'environnement. Vous apprenez continuellement, grâce à vos cinq sens, par l'observation, l'expérience et l'éducation.

Les suggestions et votre subconscient

Votre esprit subconscient est sensible aux suggestions et se laisse contrôler par la suggestion. Parmi les corollaires de la loi de suggestion, il en est un qui veut que votre esprit subconscient ne se livre pas à des raisonnements inductifs, c'est-à-dire qu'il n'établit pas un mode de recherche en recueillant les faits, en les classant et en évaluant leur valeur relative manifeste.

Son mode de raisonnement est purement déductif. Il en est de même, que la prémisse soit vraie ou fausse. Autrement dit, ses déductions à partir d'une fausse prémisse sont aussi correctes logiquement qu'à partir d'une prémisse vraie. Ainsi, si l'on dit à un sujet hypnotisé qu'il est un chien, il se mettra sur-le-champ à jouer ce rôle et agira comme un chien, dans la mesure où il est physiquement capable de le faire, et croira qu'il est vraiment un chien.

Il est fort probable que vous avez vu des sujets en état d'hypnose jouer un rôle qui leur a été suggéré par l'opérateur ou l'hypnotiseur, car le sujet croit réellement être le personnage suggéré. Par exemple, si vous suggérez à un sujet hypnotisé qu'il est le président Roosevelt et si, dans le passé, il a eu l'occasion d'entendre le président Roosevelt parler ou s'adresser à la nation, sa propre personnalité sera complètement submergée sous l'influence de cette suggestion. Il croira qu'il est lui-même le défunt président Roosevelt.

Deux suggestions contraires

Vous avez le pouvoir de rejeter les suggestions de l'autre personne. Les suggestions d'une autre personne n'ont aucun pouvoir à moins que vous ne les acceptiez ; elles deviennent alors le mouvement de votre propre esprit, ou une autosuggestion. Par exemple, si vous dites à un homme d'affaires, ou à un homme de profession qu'il subira un échec, alors que lui-même est rempli de confiance et de foi dans son habileté et sa compréhension, et qu'il croit au succès et à la réussite, il rira de vous et traitera votre suggestion avec mépris et ridicule. En réalité, votre suggestion n'a fait que stimuler sa conviction qu'il progressera, prospérera et sortira victorieux de la vie. De deux idées, votre subconscient accepte celle qui domine.

Comment elle traita une suggestion de mal de mer

Au cours d'un de nos Séminaires sur la Mer, une femme a suggéré à un membre de notre groupe qu'elle semblait malade et pâle et que la mer agitée la rendait peut-être malade. Cependant, elle était préparée. Elle savait ce qu'elle devait faire et sa réaction fut la suivante : « Je suis ici pour vivre une expérience merveilleuse. Je vais me laisser bercer par les vagues et le rythme des profondeurs. C'est merveilleux ! ». Elle neutralisa la suggestion négative de l'autre femme.

Pour être efficaces, les suggestions négatives des autres doivent rencontrer une âme sœur à l'intérieur de vous-même ; il doit y avoir des traces de crainte dans votre subconscient ; autrement, ces suggestions n'auront aucun effet. Souvenez-vous toujours que vous pouvez vous mettre à l'écoute de la Présence et du Pouvoir Infinis à l'intérieur de vous-même. Lorsque vous êtes aligné sur l'Infini, vous serez graduellement immunisé contre tous les maux et les fausses suggestions.

Votre première formation

Quand nous étions jeunes, malléables et très impressionnables, nous avons tous reçu des suggestions portant sur des superstitions, des opinions et croyances religieuses, des fausses impressions et des préjudices, de la part de nos parents, oncles, tantes, pasteurs, professeurs et autres.

Nous avons tous accepté les suggestions, croyances, langage, coutumes et traditions de nos parents et de notre entourage. Nous n'avions pas le choix. Nous ne pouvions refuser leurs suggestions et endoctrinement, et nous n'avions pas encore atteint ce point de notre vie où nous avons la capacité de discerner ou de reconnaître ce qui est vrai et ce qui est faux.

Vous n'êtes pas né avec des croyances religieuses, des craintes, des tabous ou des écritures quelconques. Comme chacun de nous, vous êtes né sans défense, ignorant et entièrement à la merci de vos parents ou de ceux qui vous avaient en charge. Quand vous êtes né, deux choses seulement vous faisaient peur : les chutes et le bruit. Ces deux peurs sont le système d'alarme que Dieu vous avait donné pour vous protéger. Toutes vos autres peurs vous ont été données par la suite.

Comment elle purifia son esprit

Une dame âgée, professeur retraité, m'expliquait comment elle s'était débarrassée de ce qu'elle appelait ses croyances religieuses bizarres, grotesques, irrationnelles, illogiques et ignorantes. Elle avait lu, dans un magazine, cette pensée d'Einstein : « Sans la religion la science est infirme et, sans la science, la religion est aveugle. »

Elle étudia les religions du monde, y compris la *Unity and Religious Science* (Science de l'Unité et de la Religion), et lut *The Power of Your Subconscious Mind* (La Puissance de votre subconscient) *. Ce livre l'a figée. Elle m'a dit que cet ouvrage l'avait secouée et sortie d'une longue stupeur religieuse.

En conséquence, elle s'adonna régulièrement et systématiquement à la prière suivante, sachant qu'elle effacerait des profondeurs de son esprit toute fausse conception de Dieu, comme un nouvel enregistrement efface automatiquement le contenu d'une bande magnétique. Le reconditionnement de son esprit subconscient se fit de la manière suivante :

« L'amour divin comble mon âme. Je possède la justesse de l'action divine. L'harmonie divine gouverne ma vie. La paix divine remplit mon âme. Je possède la beauté divine. La joie divine emplit mon âme. Un guide divin m'accompagne dans tous les domaines. Je suis illuminée par tout ce qui existe au-dessus de moi. Je sais et je crois que la volonté de Dieu à mon égard est une plus grande mesure de vie, d'amour, de vérité et de beauté, quelque chose qui surpasse mes rêves les plus chers. Je sais que Dieu m'aime et me protège. »

Elle composa cette prière après avoir lu *THE POWER OF YOUR SUBCONSCIOUS MIND* * et autres livres. Elle savait qu'en les répétant, ces grandes vérités pénétreraient graduellement son esprit subconscient et provoqueraient une transformation.

Elle apprit d'abord qu'il n'existe qu'une seule Puissance. Il ne peut y en avoir deux, spirituellement, scientifiquement,

---

* Voir *The Power of Your Subconscious Mind,* par le docteur Joseph Murphy, Prentice-Hall Inc., Englewood Cliffs, N.J., 1963.

mathématiquement ou de toute autre manière. Il ne peut y avoir autre chose lorsque vous réalisez que Dieu est l'esprit vivant Tout-Puissant et qu'il est omniprésent et omnipuissant. S'il y avait deux puissances, l'une annulerait l'autre et il n'y aurait pas d'ordre, de conception, de proportion, ni de symétrie. Le monde serait un chaos et non pas un cosmos.

Elle se rendit compte également que tout ce qu'elle ressentait de bien ou de mal était attribuable à la manière dont elle se servait de ce Pouvoir Unique, lequel est entier et parfait en lui-même. Elle s'éveilla au fait qu'elle pouvait utiliser tout pouvoir de deux façons et que le bien et le mal étaient le mouvement de son propre esprit relativement à l'Être unique, lequel est entier et parfait en lui-même.

Il s'agissait d'une femme remplie de sagesse. Elle avait appris de ses erreurs et les avait corrigées, entreprenant d'autres mesures basées sur les nouvelles vérités qu'elle avait apprises. Aujourd'hui, elle vit une expérience plus heureuse et plus paisible.

Comment puis-je trouver la paix ?

Voici une question que l'on me posait récemment dans un club de *Leisure World*. Une femme me demanda : « Comment puis-je trouver la paix ? Mes lectures me parlent de viols, de meurtres, de cambriolages, de pénurie d'essence, et de toutes sortes de manigances dans la haute société. » Je lui répondis que lorsque les attitudes changent, tout change. Je lui fis remarquer que, seule, elle ne pouvait transformer le monde ou empêcher les perturbations sociales, le crime et la cruauté de l'homme envers l'homme, mais qu'elle pouvait se mettre souvent à l'écoute de la Présence Infinie et proclamer : « Mon âme est remplie de la paix divine. La lumière de Dieu brille en moi. Je pense, je parle et j'agis selon le Centre Divin à l'intérieur de moi. »

J'ai ensuite ajouté que ceci était la vraie méthode pour trouver la paix d'esprit dans ce monde en changement. Il n'existe pas de loi qui nous force à haïr, faire du ressentiment ou craindre tout simplement parce que la conduite des politiciens, les circonstances ou les journaux nous le suggèrent. Vous pouvez déclarer : « Dieu pense, parle et agit par mon entremise. » Rappelez-vous cette simple vérité de la vie : « Aucun homme, aucune circonstance, aucune condition ou publication ne vous enlève votre paix ; vous la donnez vous-même en cédant le contrôle de vos pensées, de vos paroles, de vos actions et réactions. Vous êtes le patron ; vos propres pensées vous appartiennent. »

Il avait la richesse à l'esprit

Il y a quelques semaines, j'ai donné une série de conférences dans les principales villes de la République de l'Afrique du Sud. Le docteur Reg Barrett donne des conférences partout dans cette République sur les lois de l'esprit et c'est lui qui m'a présenté dans les nombreux séminaires que nous avons organisés.

Après une de ces conférences, à Durban, un homme s'adressa à moi dans ces termes : « C'est vrai, vous savez. La richesse existe dans l'esprit d'abord et prend forme, ensuite, sur terre, dans l'air et sur mer, partout. » Il me raconta que son père et son grand-père étaient venus d'Angleterre pour faire fortune en Afrique du Sud. Son grand-père passa plusieurs mois à chercher de l'or mais n'en trouva pas. Il abandonna ce projet car il n'avait plus d'argent. Par contre, son père parcourut le même territoire et au bout de quelques semaines, il découvrit un filon d'or qui devait par la suite devenir l'une des mines d'or les plus célèbres en Afrique du Sud.

Il m'a raconté que son père était un homme très religieux et qu'il avait sans cesse prié Dieu pour qu'Il lui fasse trouver ce gisement d'or et le conduise vers les pâturages verts et les eaux calmes. C'est vrai que l'or se trouvait sous la terre, mais la richesse mentale et spirituelle se trouvait dans l'esprit de son père sous la forme d'une foi implicite dans la Voie divine et dans les vérités du 23ᵉ psaume. À ce qu'il m'a dit, son grand-père était apparemment tendu, anxieux et jaloux, parce que certains de ses amis avaient eu du succès alors qu'il avait échoué. Cette attitude provoqua chez lui un aveuglement mental et spirituel qui l'empêcha de voir l'or sous ses pieds.

Regardez à l'intérieur de vous-même

Ne cherchez pas la paix d'esprit, la richesse, la sécurité ou la force intérieure, à l'extérieur de vous-même. La Présence Divine est en vous : cette Intelligence Suprême qui a créé toutes choses et qui est Toute-Sagesse. Nul gouvernement, institution ou individu ne peut vous conférer la tranquillité d'esprit ou la paix intérieure.

Votre esprit subconscient est le siège des habitudes, et les habitudes sont acquises de la même manière que vous avez appris à marcher, nager, danser, jouer du piano, dactylographier ou conduire une automobile. À maintes reprises, vous avez répété certaines configurations de pensées et d'actions, puis, après quelque temps, ces configurations se sont implantées dans votre esprit subconscient. Aujourd'hui, vous accomplissez ces choses automatiquement. Si vous voulez, c'est devenu chez vous une seconde nature. Celle-ci n'est que la réponse de votre Esprit plus profond à vos actions et à vos choix conscients.

Au cours de la journée, dites souvent : « Le fleuve de la paix de Dieu baigne mon esprit et mon cœur. Je repose dans les bras éternels de la sagesse, de la vérité et de la beauté. » Prenez l'habitude de répéter cette prière. Répétez-la sans relâche, sachant ce que vous faites et pourquoi vous le faites. Au fur et à mesure que vous continuez d'affirmer et de réitérer ces simples vérités, vous trouverez la paix et l'harmonie, et vous contribuerez à la paix et à la sérénité de tous ceux qui vous entourent.

Plusieurs me disent qu'ils aimeraient découvrir un hameau, un village près de la mer, où ils pourraient trouver la paix et le confort. Souvenez-vous que votre esprit vous suit partout où vous allez. En réalité, vous vous rencontrez en tout temps. Quand l'esprit est bouleversé et que vous êtes anxieux et inquiet, la plage ou la montagne ne vous donneront pas la paix. Vous devez *choisir* la paix.

Certains sont toujours à la recherche d'un Shangri-La où tout n'est que douceur et harmonie, une sorte d'univers utopique où nous pourrions tous partager toutes choses et vivre dans l'harmonie, la paix et la joie. Cependant, il faut vous rappeler que vous créez votre propre Utopie. Un tel endroit n'existe pas si ce n'est dans l'esprit de l'homme lorsqu'il est à l'écoute de l'Infini et qu'il a trouvé la paix que procure la compréhension. Les problèmes, les défis, les difficultés et le bouleversement qui nous entourent, nous incitent à chercher cette paix intérieure et nous permettent aussi de découvrir notre Divinité et de nous élever au-dessus des problèmes du monde.

Vous pouvez vous changer vous-même

Souvenez-vous, vous n'avez pas de baguette magique qui vous rende capable de changer le monde, mais vous pouvez vous changer vous-même en vous identifiant avec la Présence Infinie et le Pouvoir en vous, et en demandant sans cesse l'harmonie, la paix, la beauté, l'amour, la joie, l'action juste et la Loi et l'Ordre Divins. En prenant cette habitude, vous vous élèverez au-dessus de la turbulence et du chaos de l'esprit du monde, que l'on appelle parfois l'esprit de race, la loi de la moyenne, ou l'esprit de masse.

Pour vaincre le monde

Dans le langage biblique, le monde représente tous les habitants de la terre, les bons comme les méchants. L'esprit de masse, ou loi de la moyenne, represente la façon de penser de quatre milliards et demi de gens. Chaque jour, vous entendez parler de guerres, de cruautés, de crimes, de haines, de jalousies, de meurtres, de conflits raciaux et de luttes religieuses. Vous entendez aussi parler de ces individus nobles et bons qui contribuent à la paix dans le monde.

Vous ne pouvez fuir le monde ou l'esprit de masse. Nous en sommes tous imprégnés parce que, subjectivement, nous ne sommes qu'un et que l'océan psychique déferle sur chacun de nous. Voilà pourquoi vous ne devriez jamais cesser de prier. Prenez pour acquis maintenant, aujourd'hui, que l'Intelligence Infinie vous guide, vous dirige et que la puissance de l'Infini vous anime et vous nourrit. Rayonnez d'amour, de paix et de bonne volonté envers tous les êtres humains et souhaitez pour eux tous les bienfaits de la vie.

Cette attitude est une garantie que vous réussirez dans tous les domaines. De plus, vous contribuerez au bien-être de tous les individus, partout. Vous pouvez définitivement poursuivre votre marche triomphale, à travers le tourbillon de ce monde confus, sur des routes agréables et des sentiers paisibles. Vos suppositions, croyances et convictions intérieures dirigent et contrôlent toutes vos actions extérieures.

Vous pouvez transcender

Un infirmier qui venait d'obtenir son diplôme décrocha un poste responsable dans une clinique médicale du voisinage. Il décida de venir me consulter car, selon lui, il avait les nerfs en boule, les malades étaient à demi fous, le téléphone sonnait sans cesse et il ne pouvait tenir le coup plus longtemps.

Au cours de notre conversation, il commença à se rendre compte que les gens qui attendaient dans la clinique étaient malades mentalement aussi bien que physiquement et que son rôle d'infirmier était de surmonter le bruit, la confusion et les plaintes dans cette institution. Je lui ai dit que les irritations des malades constituaient une partie fondamentale de son travail, qu'il devait s'élever au-dessus de ces problèmes et que, s'il décidait de fuir, il ne ferait que tomber de Charybde en Scylla. Je lui rappelai qu'il devait rencontrer ses problèmes de front et les combattre courageusement ; c'était la seule manière de les surmonter.

Il m'écoutait et, à ma suggestion, il se mit à déclarer : «... *Je ne fais pas grand cas de ma vie...* (Act. 20 : 24). Je surmonterai toutes les vexations et les difficultés. » Il décida de rester à la clinique et découvrit que sa nouvelle attitude avait tout changé.

Comment il changea sa vie

J'ai eu une conversation intéressante avec un homme à Johannesburg. Il me confia qu'à 45 ans, il était sans le sou, découragé, déprimé et dégoûté parce qu'il avait failli en affaires et que sa femme l'avait quitté parce qu'elle ne croyait pas qu'il puisse subvenir à ses besoins conformément à son mode de vie.

Cependant, il rencontra le point tournant de son existence lors d'une conférence sur les lois de l'esprit. La première chose que l'orateur avait dit était : « L'homme est ce qu'il pense tout le long de la journée. » Cette phrase le marqua profondément. Le conférencier ajouta que cette vérité était connue depuis des millénaires, mais que le commun des mortels l'oubliaient ou n'en faisaient que peu de cas, ou pas du tout.

Car comme une tempête dans l'âme, ainsi sont-ils... (Prov. 23 : 7). L'âme est une ancienne façon de parler de l'esprit subconscient. Tout ce que la Bible veut dire c'est que tout ce que vous pensez réellement et que vous croyez être vrai au fond de votre âme, se produira et se manifestera dans toutes les phases de votre vie. Autrement dit, toute pensée, idée ou concept qui suscite une émotion et qui est ressenti comme vrai, sera produit par votre subconscient en tant que forme, fonction, expérience et événement. À travers les âges, ceci a été la plus grande découverte de l'histoire du genre humain.

Cet homme se mit à penser au succès, à l'harmonie, à la paix, à la bonne volonté, à la prospérité et aux bonnes actions. Il occupa son esprit avec ces concepts et voulut se les prouver à lui-même. Lorsque des pensées de culpabilisation et d'autocritique lui venaient à l'esprit, me dit-il, voici ce qu'il affirmait : « Le succès m'appartient. L'harmonie m'appartient. L'abondance m'appartient. » Après quelques mois de ce changement d'attitude mentale, il devint un penseur constructif. Il m'a dit que son entreprise lui rapportait plusieurs millions de dollars par année. Il a des centaines d'employés et il partage ses profits avec eux.

Le Psalmiste a dit : ... *je le mettrai hors d'atteinte, puisqu'il connaît mon nom* (Ps. 91 : 14). Nom signifie nature, et la nature de l'Intelligence Infinie est de répondre à vos demandes. Dans le troisième chapitre de l'Exode, le nom est appelé JE SUIS, ou la conscience, la fonction de penser.

Un de nos enseignants en Afrique du Sud, le docteur Reginald Barrett, a dit quelque chose de très intéressant à son auditoire ; en voici l'essentiel : « Si vous n'aviez pas d'esprit, vous ne pourriez ni me voir ni m'entendre. Vous n'auriez aucune sensation du monde qui vous entoure. Vous ne pourriez ni goûter, ni sentir ni respirer l'arôme des fleurs dans votre jardin. » Votre esprit est à la base de tout ce qui existe et il donne la vie, la substance et la forme à ce que vous acceptez et croyez comme réel. Tout ce que vous voyez provient de l'esprit invisible de l'homme et de Dieu.

N'oubliez jamais cette vérité fondamentale

William James, le père de la psychologie américaine, déclarait que, selon lui, la plus grande découverte du siècle était la conscience des pouvoirs de l'esprit subconscient. Le docteur Phineas Quimby, qui commença à guérir les gens en 1847, soulignait au cours de ses expériences que : « Si je crois vraiment en quelque chose, les effets s'ensuivront, que j'y pense ou non. »

Ceci est de la plus grande importance car il s'applique à nous tous et signifie que tout ce qui a été déposé dans notre esprit subconscient nous gouverne et nous contrôle. Autrement dit, vos croyances, suppositions et convictions subconscientes commandent, contrôlent et dirigent toutes vos actions conscientes, que vous y pensiez ou non. Tout ce qui s'imprime dans votre esprit subconscient, bon ou mauvais, s'exprimera toujours sur l'écran de l'espace. Votre façon habituelle de penser est graduellement absorbée et enregistrée dans votre subconscient. Ces pensées deviennent des lois et des croyances qui agissent automatiquement.

Elle était allergique au jus d'orange

J'ai eu une longue conversation, à Port Elizabeth, avec une jeune femme qui me confiait qu'elle adorait boire du jus d'orange mais que chaque fois qu'elle le faisait, elle avait des éruptions très désagréables et irritantes sur le visage et les bras. Pourtant, sa sœur et son frère buvaient du jus d'orange impunément et semblaient s'en régaler.

Je lui ai expliqué que son allergie remontait sans doute à son enfance alors qu'elle avait mangé trop d'oranges et qu'on lui a dit qu'elles étaient mauvaises pour elle. Je lui fis remarquer que cette croyance était maintenant ancrée dans son esprit subconscient et la rendait susceptible à une certaine réaction, à l'encontre de sa sœur et de son frère chez qui cette croyance n'existait pas. Sa réaction allergique provenait d'une supposition subconsciente qu'elle avait oubliée depuis longtemps.

Je lui expliquai comment elle pouvait résoudre ce problème à l'aide de la prière suivante, laquelle reconditionnerait son subconscient et lui enlèverait sa peur des oranges : « Dieu a déclaré que toutes choses étaient bonnes. Tout ce que je mange et bois se transforme en beauté, ordre, symétrie et proportion. Je suis harmonisée et vitalisée. Je mange le pain du ciel et je bois le vin de la joie. Je vois dans mon corps, la manifestation de l'ordre, de la paix, de la plénitude et de la beauté. C'est merveilleux ! »

Il lui fallait écrire ces vérités de façon répétitive dans son esprit subconscient afin de se libérer graduellement de cette fausse croyance. Elle savait que l'esprit conscient contrôle le subconscient et, dernièrement elle m'envoya, dans une lettre, une photo d'elle en train de boire du jus d'orange. Parce qu'elle a découvert sa puissance intérieure, elle a trouvé une nouvelle liberté et la paix d'esprit.

Pratiquez cette vérité

Tout ce que votre esprit conscient suppose vrai est accepté par votre esprit subconscient, et l'Intelligence Infinie de votre subconscient réalise et exécute le rôle suggéré par votre supposition. Votre supposition, qu'elle soit vraie ou fausse, devient un fait solide dont la projection s'accomplit sur l'écran de l'espace.

Il a dit : « Ça marche »

Il y a quelques mois, au cours d'une de mes conférences du dimanche matin au théâtre Saddleback à El Toro, j'ai dit que tout ce qu'une personne ajoutait à « JE SUIS », avec conviction et compréhension, se réaliserait. Un homme se dit à lui-même : « Je vais essayer. » Ainsi il affirmait plusieurs fois par jour, à voix haute si possible : « JE SUIS prospère. JE SUIS en santé. JE SUIS heureux. Je me sens merveilleusement bien. » Au volant de son automobile, son propos silencieux était le même. Il en prit l'habitude et se rendit compte que c'était une loi valide de la vie. Ses affaires, sa santé et ses rapports familiaux se sont transformés de façon remarquable. Il a découvert que ce changement d'attitude avait tout changé dans sa vie.

Votre main droite

Dernièrement, un homme me remit une coupure de journal où il était écrit qu'un homme s'était fait trancher la main au poignet parce qu'il avait volé deux fois. L'article précisait que cette punition était basée sur la loi du Coran. Toutes les Bibles du monde ont une signification symbolique et il ne faut pas les interpréter littéralement. Dans Matthieu 5 : 30, il est dit : *Et si c'est ta main droite qui te scandalise coupe-la et jette-la loin de toi...*

La Bible est remplie de paraboles, d'allégories, de métaphores, de comparaisons et de déclarations énigmatiques. Une parabole comporte une signification à la fois ouverte et fermée. C'est avec la main que vous façonnez, moulez, créez et dirigez. Naturellement, vos pensées dirigent l'action de votre main. Par exemple, si vous dessinez une image laide et monstrueuse, vous pouvez vous changer l'esprit en vous identifiant avec la beauté indescriptible de Dieu et peindre dans la beauté une joie éternelle.

Si vos travaux et vos créations artistiques sont complètement stériles, arrêtez-vous immédiatement et détruisez tout. Autrement dit, changez votre attitude mentale. Si vous ne réussissez pas en affaires ou dans votre profession, c'est à cause de votre vie mentale et des images que vous formez. Il faut que vous changiez vos pensées.

Dans un des pays d'Orient, j'ai demandé au guide ce que signifiait une affiche dans un parc. Il me répondit que la traduction littérale était la suivante : « Coupez-vous les pieds », ce qui voulait dire dans notre langage : « Ne marchez pas sur la pelouse. » ... *Et il ne leur disait rien qu'en paraboles* (Matt. 13 : 34).

Si ton œil droit te scandalise, arrache-le et jette-le loin de toi... (Matt. 5 : 29) L'œil signifie votre perception spirituelle, votre compréhension, votre façon de voir les choses, votre vision de la vie. Quand un garçon comprend une équation algébrique compliquée, il dit : « Je la vois maintenant », ce qui revient à dire qu'il la comprend complètement.

Si vous dites que vous ne pouvez vous en sortir ou que vous ne ferez jamais de progrès dans la vie, vous devriez arracher cet œil. Autrement dit, débarrassez-vous de cette attitude stupide et rendez-vous compte que vous êtes un enfant de l'Infini, né pour réussir. Admettez que vous avez un guide divin et que vous vivez dans l'attente joyeuse de ce qu'il y a de meilleur, et ce qu'il y a de meilleur sera votre partage. Commencez à entendre le langage des arbres, les sermons des pierres, les chansons des ruisseaux, et Dieu dans toutes choses.

CHAPITRE 2

COMMENT TROUVER LA GUÉRISON DANS VOTRE ESPRIT

Les temps de l'humanité primitive — Le pouvoir du placebo — Centro Medico Del Mar Tijuana — L'imposition des mains — Le pouvoir de la foi — Comment l'esprit aide la médecine — le Père à l'intérieur — Attendez-vous à la sécurité — Il a fait la découverte de lui-même — Il déclara : « Je ne croyais pas être ce qu'on disait de moi » — Ne combattez pas l'univers — Oubliez les choses anciennes — Les deux mondes — La paix de l'esprit.

Notes personnelles :

_____

_____

_____

_____

_____

_____

_____

_____

_____

_____

_____

_____

_____

_____

_____

_____

_____

_____

_____

_____

_____

_____

_____

_____

_____

Toute forme de croyance qui inspire la foi du malade et qui est augmentée d'une suggestion palliative correspondante, est un agent thérapeutique efficace. Ainsi, le fétichiste qui croit que la dent ou la griffe d'un animal, ou une sculpture sur bois ou ossement contiennent un esprit surnaturel dont on peut invoquer l'aide au cours de certaines cérémonies, peut, en accomplissant les rites prescrits, recouvrer complètement la santé. Pourquoi? Simplement parce que la cérémonie et la foi constituent une puissante suggestion, et son esprit subconscient ainsi que sa foi aveugle ressuscitent et activent l'infinie présence de la guérison dans son esprit subconscient.

Les temps de l'humanité primitive

Aux temps de l'humanité primitive, quand la superstition régnait universellement, il y avait alors d'innombrables techniques et méthodes pour guérir l'esprit et le corps. La révérence absurde que l'on vouait aux idoles, aux talismans, aux ossements des saints, aux reliques, etc., entraînait des guérisons provoquées par la confiance aveugle. Cette confiance aveugle est celle qui remplace la crainte par la foi, ce qui produit des résultats.

Le pouvoir du placebo

Le placebo est une préparation ou un médicament inactifs, comme un cachet de lactose par exemple, ou de la mie de pain sous forme de capsule ou de pilule préparée dans le but de soulager un malade. Cette substance n'a aucune valeur thérapeutique mais il arrive souvent que son absorption soit suivie d'une remarquable guérison. Plusieurs médecins dans plusieurs parties du monde sont très conscients du pouvoir thérapeutique du placebo.

Le mot placebo est dérivé du latin et signifie « pour plaire ». Récemment, je lisais un article qui faisait allusion à une affirmation du docteur Shapiro dans *American Journal of Psychotherapy* : « Le placebo peut produire de profonds effets sur les maladies organiques, y compris les malignités incurables ».

Centro Medico Del Mar Tijuana

J'ai parlé avec plusieurs hommes et femmes qui m'ont dit qu'ils avaient eu le cancer, inopérable chez certains d'entre eux. Ils se sont rendus à la clinique médicale de Tijuana, Mexique, pour se faire traiter au Laetrile, et ont été complètement guéris. L'un d'entre eux me raconta qu'il y avait rencontré des gens de toutes les parties du monde. Plusieurs reportages ont été publiés dans nos journaux au sujet d'individus qui avaient été guéris par le Laetrile après avoir vainement tout essayé.

Voilà une illustration claire du fonctionnement de l'esprit subconscient, qui réagit en fonction de la confiance du malade. La *Food and Drug Administration* ainsi que plusieurs des plus éminents spécialistes du cancer, affirment que le Laetrile, lequel est un produit dérivé de l'abricot, n'a aucune valeur thérapeutique quelle qu'elle soit. Prenant pour acquis que le Laetrile n'a pas de propriétés médicinales, si le malade qui en prend croit qu'il se sentira mieux, sa confiance transforme les fonctions chimiques de son corps et mobilise les pouvoirs de guérison de son esprit subconscient... *Va, qu'il te soit fait selon ta foi...* (Matt. 8 : 13)

L'imposition des mains

La guérison des malades par le toucher et par l'imposition des mains est une méthode très ancienne que l'on retrouve chez les nations les plus reculées : les Indiens, les Égyptiens et les Juifs. En Égypte, on a découvert des sculptures où on pouvait voir une main posée sur le ventre et l'autre sur le dos. Selon les premiers missionnaires, les Chinois guérissaient plusieurs maux par l'imposition des mains.

Dans l'Ancien et le Nouveau Testament, nous trouvons plusieurs exemples et nous en avons choisi quelques-uns :

Yahweh dit à Moïse : Prends-toi Josué, le fils de Nun, homme en qui est l'Esprit, et impose-lui la main... Tu lui communiqueras de ta dignité pour que toute l'assemblée des fils d'Israël lui obéisse. (Nombres 27 : 18, 20).

... Aux infirmes ils imposeront les mains et ils seront guéris (Marc 16 : 18).

Il se trouvait que le père de Publius atteint de fièvre et de dysenterie, était au lit. Paul entra chez lui ; après avoir prié et lui avoir imposé les mains, il le guérit (Actes 28 : 8).

Ananie partit, entra dans la maison et lui imposa les mains en disant : Saul, mon frère, le Seigneur Jésus qui t'est apparu sur la route par laquelle tu venais, m'a envoyé afin que tu recouvres la vue et que tu sois rempli de l'Esprit Saint.

Et aussitôt tombèrent de ses yeux comme des écailles: il recouvra la vue... (Actes 9 : 17-18).

Or, on lui apporte un sourd-bègue, en le suppliant de lui imposer les mains. Jésus le prit à part, hors de la foule, lui mit ses doigts dans les oreilles, toucha sa langue avec de la salive. Puis, levant les yeux au ciel, il soupira et lui dit : « Ephpheta », c'est-à-dire « Ouvre-toi ». Ses oreilles s'ouvrirent et aussitôt fut délié le lien de sa langue, et il parlait distinctement (Marc 7 : 32–35).

Il y a plusieurs autres passages de la Bible qui témoignent tous de la merveilleuse efficacité thérapeutique de l'imposition des mains. La Bible nous dit que lorsque Jésus visita son village natal, il n'a pas accompli de grandes choses car l'incrédulité y régnait. Mais le rédacteur de la Bible, lorsqu'il rapporte ce récit, ajoute cette remarque importante : *Il ne put y faire aucun miracle, si ce n'est qu'il imposa les mains à quelques infirmes et les guérit* (Marc 6 : 5).

On dit que saint Patrick, l'Apôtre irlandais, guérissait les aveugles en posant ses mains sur eux. L'histoire raconte que les rois d'Angleterre et de France guérissaient les malades par le toucher. On raconte que le pieux Édouard le Confesseur ainsi que Philippe 1er de France, ont été les premiers rois à posséder ces pouvoirs. L'imposition des mains était appelée la chirothésie.

Aujourd'hui, plusieurs guérisseurs à travers le monde ont recours à l'imposition des mains, et plusieurs obtiennent des résultats merveilleux. Plusieurs prétendent qu'un pouvoir magnétique de guérison se dégage de leurs mains et se transmet dans toutes les cellules. Il est raisonnable de supposer que la confiance du praticien ainsi que la réceptivité, la foi et l'imagination enflammée du malade imprègnent l'esprit subconscient et, ce faisant, libèrent et animent la présence infinie de guérison.

La Bible nous offre la réponse... *Qu'il vous soit fait selon votre foi* (Matt. 9 : 29).

Le pouvoir de la foi

J'ai reçu un appel téléphonique de la part d'une femme de l'Utah avec laquelle je correspondais. Elle souffrait d'un cancer terminal et priait pour être guidée, pour avoir la plénitude et la perfection. Elle avait l'habitude de dire : « Je ne veux pas d'intervention chirurgicale, je ne veux pas être hospitalisée, je ne veux pas voir un chirurgien. »

Je lui ai expliqué qu'elle ne devrait jamais faire de telles déclarations car elles sont le signe de la peur et lui faisaient ressentir précisément ce qu'elle redoutait... *Et ce que je redoute m'arrive...* (Job 3 : 25). En outre, je lui ai expliqué que c'était mauvais qu'elle décide elle-même de son mode de guérison, car les voies de la Présence Infinie sont impénétrables. Elle continua de prier pour être guidée, pour avoir la plénitude, la beauté et la perfection.

Un ami lui parla d'un livre publié par le docteur John Richardson et Patricia Griffin, dans lequel il était question de 90 victimes du cancer qui avaient été guéries grâce au traitement par le Laetrile. Elle se rendit à Tijuana, subit le traitement, continua de prier et fut complètement guérie. En s'y rendant, sa foi l'avait récompensée.

C'est pourquoi je vous dis : tout ce que vous demandez en priant, croyez que vous l'avez déjà reçu, et cela vous l'obtiendrez (Marc 11 : 24)... *Tout est possible à celui qui croit* (Marc 9 : 23).

Comment l'esprit aide la médecine

Dans un article que m'a envoyé le professeur Jack Holland de l'Université de San Jose, intitulé *The Mysterious Placebo*, on dit : « Un exemple frappant du rôle du médecin dans le succès du placebo nous est donné par une expérience au cours de laquelle des victimes d'ulcères saignants ont été divisées en deux groupes. Le médecin annonça au premier groupe que l'on venait de découvrir un nouveau remède qui sans doute les soulagerait. Les infirmières annoncèrent au deuxième groupe qu'un nouveau médicament expérimental leur serait administré, mais que l'on ne connaissait que très peu de chose quant à son effet.

Soixante-dix pour cent des membres du premier groupe furent grandement soulagés de leurs ulcères. Vingt-cinq pour cent seulement des membres du deuxième groupe connurent les mêmes bienfaits. Les deux groupes avaient reçu un « remède » identique : le placebo. Norman Cousins fait une remarque très intéressante lorsqu'il déclare que le médecin, lui-même, est le meilleur placebo.

L'expérience ci-dessus confirme le pouvoir de la foi de la part des malades. Un groupe était rempli d'espoir de guérison suite aux paroles du médecin ; les autres n'avaient pas été très impressionnés par la déclaration plutôt faible de l'infirmière sur l'efficacité du soi-disant remède et, par conséquent, ne connurent que de piètres résultats. Croire c'est accepter qu'une chose soit vraie.

Le Père à l'intérieur

Le Père à l'intérieur est la Source de toutes les choses et de tous les êtres. C'est le Principe de Vie. Jésus a appelé cette présence « Notre Père », qui a créé toutes choses visibles ou invisibles. C'est le Pouvoir dont Jésus se servait pour guérir les aveugles, les boiteux et les infirmes. C'est l'esprit et l'intelligence qui apaisent la tempête, qui multiplient les pains et les poissons, l'esprit qui permit à Jésus de disparaître dans la foule, de converser avec Moïse et de ressusciter des morts.

Lorsque vous voyez agir un esprit comme celui-ci, vous savez alors qu'il y a la Source et la Puissance que l'on appelle le « Père à l'intérieur. »... *mais le Père demeurant en moi fait ses œuvres* (Jean 14 : 10). Vous ne pouvez voir l'esprit, la pensée, la foi ou la confiance. La Bible dit : ... *Qui m'a vu a vu le Père* (Jean 14 : 9). Autrement dit, si vous voyez un esprit accomplir toutes ces actions merveilleuses et ces guérisons miraculeuses, vous vous rendez compte que les forces mentales et spirituelles qui sont à l'œuvre sont gouvernées par le Père à l'intérieur.

Attendez-vous à la sécurité

Au cours des ans, j'ai découvert qu'un grand nombre de gens s'attendaient à être déçus par la vie. Plusieurs craignent un danger qu'ils ne voient pas ; le pressentiment, l'incertitude et l'anxiété semblent flotter comme un nuage sur leur esprit. Un grand nombre sont convaincus que la volonté de Dieu à leur égard est quelque chose de tout à fait désagréable et que Dieu a l'intention de les faire souffrir, de leur imposer des difficultés ou obstacles quelconques afin d'éprouver leur foi ou de les punir pour les fautes. Il est étonnant de constater combien de personnes pensent que Dieu veut les affliger d'un mal, pour les faire souffrir et les châtier pour leurs erreurs.

Souvenez-vous que la volonté de Dieu découle du Principe de Vie qui cherche toujours à s'exprimer par la beauté, l'amour, la joie, l'harmonie et une plus grande abondance. La volonté de Dieu à votre égard est quelque chose de magnifique, de merveilleux et de beau, et qui dépasse vos rêves les plus chers. Dieu est la paix absolue et ne peut pas souhaiter la souffrance. Dieu est la joie sans borne et ne peut souhaiter la tristesse. Dieu est plénitude, beauté et perfection et ne peut souhaiter la maladie. Dieu est le même, aujourd'hui, hier et toujours.

L'homme crée sa propre souffrance, maladie, douleur et misère à cause de son ignorance des lois de l'esprit et de la voie de l'Esprit Infini. L'homme doit se défaire de ses idées sauvages que Dieu est un être personnel avec des sentiments personnels de vengeance comme l'homme en est capable. Dieu est aussi la loi universelle, et la loi n'est pas vengeresse ; elle est impersonnelle et tous sont égaux devant elle... *Dieu ne fait pas acception de personnes* (Actes 10 : 34).

Lorsque l'homme se sert de la loi de façon négative, la loi réagit et le fait souffrir. Le soleil brille sur les bons comme sur les méchants, sur l'assassin comme sur le saint homme. La pluie tombe sur le juste comme sur l'injuste, et l'Esprit Infini ne porte jugement sur personne. L'homme se récompense et se punit lui-même d'après la manière dont son esprit conscient imprègne son esprit inconscient. Si l'homme pense au bien, il reçoit du bien ; et s'il pense au mal, le mal suivra inévitablement. C'est aussi simple que cela.

... *Comment pourriez-vous tenir un bon langage, alors que vous êtes mauvais?* (Matt. 12 : 34). Les récompenses et les punitions sont naturelles aux images et à la façon de penser de l'homme. C'est idiot de poser comme principe que la cause de ses bonheurs ou malheurs provient de l'extérieur de lui-même.

Il a fait la découverte de lui-même

Dernièrement, un homme est venu me consulter. Il travaillait pour une grande entreprise et il blâmait ses collègues, le patron et la compagnie. Il s'imaginait que certains membres de son bureau bloquaient sa promotion et son avancement. Il était en colère à propos de ces conditions et circonstances, ce qui provoquait des discordes et des querelles de toutes sortes.

Je lui ai expliqué que la cause de toutes ses tribulations était en lui, non pas à l'extérieur, et qu'il s'était écarté du Centre Divin, la Source et la Cause de tous bienfaits. Cet homme avait les yeux bandés et combattait des ennemis qui n'étaient vraiment pas là. Il changea d'attitude et se mit à dire ce qui suit, soir et matin : « Dieu est de mon côté. Dieu m'aime et me protège. Dieu est mon patron, mon guide, et il m'ouvre la voie pour que je puisse mieux m'affirmer. » Il décida de changer sa vie mentale et se mit à faire rayonner des pensées d'amour et de bonne volonté pour tous ses collègues, son patron et tout son entourage.

Il découvrit que Dieu, l'Intelligence Suprême à l'intérieur de lui-même, était pour lui et non pas contre lui. Penser autrement serait une contradiction complète de buts et de motivation. Il se rendit compte que ses soi-disant ennemis n'étaient que la projection de ses propres craintes et de son ignorance. Tout se transforma grâce à cette nouvelle attitude.

Comme le dit le proverbe : « La paix est le pouvoir au cœur de Dieu. » Cet homme fit la paix avec lui-même et il commença à projeter cette paix intérieure sur tous les gens et dans toutes les situations. La paix est au centre de notre être et c'est l'âme de l'univers. Parce qu'il était maintenant en harmonie avec son Centre Divin, il trouva la voie de l'avancement et de l'épanouissement véritable.

Il déclara : « Je ne croyais pas être ce qu'on disait de moi »

Il y a quelques années, après avoir prononcé un discours à Caxton Hall, Londres, un homme m'invita à prendre le thé avec lui. Il souleva un sujet très intéressant au sujet de la publicité. Quelques années auparavant, il avait retenu les services d'un agent de publicité afin de promouvoir sa carrière politique et projeter l'image idéale. Il m'a raconté qu'il avait été élu à trois reprises mais qu'il avait l'impression d'avoir déçu ses commettants car il n'était pas l'homme que la publicité avait fait de lui.

Il me dit qu'il savait ce que l'agent de publicité faisait, car il connaissait les lois de l'esprit. Il diffusait des suggestions répétitives dans différents journaux ainsi qu'à la radio et à la télévision et, selon toutes apparences, le peuple avait accepté et croyait ce qu'il avait entendu si souvent. Il me confia que : « Dans mon cœur, ceci me rendait mal à l'aise, car je n'avais que du mépris pour le peuple. Je regardais les gens de haut et les considérais comme ignorants, ennuyeux et crédules. » Il ajouta que cette image de lui-même projetée artificiellement était complètement fausse, car il était convaincu de ne pas être ce qu'on disait de lui.

Un grand conflit s'installa dans l'esprit de cet homme, au point qu'il eut des ulcères saignants. Un médecin psychosomatique de Londres lui expliqua la cause de sa condition. Il avait un complexe de culpabilité et croyait qu'il devait être puni parce qu'il décevait le public et se donnait certaines vertus et caractéristiques qu'il ne possédait pas. Grâce à la médecine et sa retraite subséquente de la politique, il finit par guérir ses ulcères.

Je lui ai expliqué qu'il était essentiel d'avoir une bonne image de soi. Il décida d'affirmer avec audace : « Je suis un fils du Dieu Vivant. Dieu m'aime et me protège. J'élève Dieu au sein de moi-même. Dieu est présent et Sa Présence m'envahit sous forme d'harmonie, santé, paix, joie et abondance. » Je lui ai suggéré de prendre l'habitude de réciter cette simple prière souvent et, que chaque fois qu'il serait porté à la critique ou à se trouver des défauts, de se dire immédiatement : « J'élève Dieu au sein de moi-même. »

Je lui ai également expliqué que lorsqu'il regarde les autres de haut pour les déprécier et les abaisser, il fait la même chose pour lui-même pour la simple raison qu'il est le seul penseur, et tout ce qu'il pense il le crée dans son corps et dans son expérience. Cet homme a trouvé Dieu et ne cherche plus à s'accuser.

Ne combattez pas l'univers

Quand vous ouvrez votre journal du matin ou écoutez les nouvelles du soir à la radio ou à la télévision, vous lisez et entendez parler de cruautés et de tragédies atroces dans le monde. Si vous êtes indigné par tous les crimes, les viols et les meurtres, ou si vous essayez de lutter contre ces événements dans votre esprit, devenant triste et vexé, vous serez toujours perdant et ce manque d'harmonie intérieure se traduira par le désaccord dans toutes les phases de votre vie.

Admettez que la paix de Dieu comble votre âme et que l'amour de Dieu remplit votre esprit et votre cœur. De plus, proclamez, ressentez et sachez que la lumière de Dieu brille sur l'humanité tout entière. Dans une certaine mesure, vous contribuez alors à la paix de notre monde. Servez-vous de votre énergie de façon constructive et créez la santé et le bonheur pour vous-même et pour tous ceux qui vous entourent.

Oubliez les choses anciennes

J'ai eu une brève conversation, dans un club local auquel j'appartiens, avec un homme de plus de 80 ans. Il se mit à énumérer tous ses griefs envers l'Administration de la Sécurité sociale, les taxes, les injustices du gouvernement et toutes les blessures dont il avait été victime dans les deux guerres mondiales. Il me parla d'une poursuite en justice qui avait eu lieu cinquante ans passés, ainsi que de l'argent qu'il avait perdu lors de l'effondrement du marché en 1929. Il vivait avec ses vieilles blessures et récriminations, rempli de colère et de haine envers le gouvernement actuel de Washington. Il se déplaçait à l'aide d'une canne et souffrait d'arthrite et de colite, toutes deux causées par ses émotions destructrices et négatives.

Je lui parlai du rôle des émotions dans la maladie, car il me semblait réceptif. Il se rendit compte qu'il ne pourrait changer le monde, mais qu'il pourrait se changer lui-même. Son esprit s'attardait sur des scènes anciennes, entouré de vieux décors, ce qui engendrait des émotions malsaines. Je lui ai expliqué que ces émotions se perdent dans le subconscient et cherchent une porte de sortie et, étant donné qu'elles sont négatives, les résultats se manifestent sous forme de maux physiques.

Je lui ai suggéré de mettre au point un mode de prier, de devenir actif dans un ou deux clubs sociaux, de se faire des amis, d'apprendre à nager et de jouer au golf. Comme prière, je lui ai proposé de lire le 23ᵉ Psaume le matin, le 27ᵉ à midi et le 91ᵉ le soir avant de s'endormir. Les Psaumes sont les chants de Dieu *, et en s'imprégnant l'esprit de ces grandes vérités, il transformerait son esprit graduellement.

Je lui ai donné la prière du pardon suivante: « Je déclare que l'amour de Dieu remplit mon âme aujourd'hui. Je sais que lorsque son amour réside dans mon cœur, tout ressentiment disparaît. Je me pardonne d'entretenir toutes pensées destructives et négatives envers les autres. Je me propose de ne plus le faire. Je me mets à l'écoute de l'Être Infini en moi, et je pense, parle, agis et réagis en fonction de Dieu et de Sa loi sur l'amour. Complètement et librement, je leur pardonne à tous (mentionner leurs noms). Je rayonne d'amour, de paix, de bonne volonté et de toutes les bénédictions du ciel pour eux. Ils sont libres et je suis libre. Je le sens lorsque j'ai délivré les autres de mon esprit, car je peux les rencontrer dans mon esprit et il n'y a absolument pas de "piqûre"; au contraire, mon cœur dégage un courant de paix et de bénédiction. »

Je revois cet homme à l'occasion. Il ne parle plus du passé mais s'intéresse à Dieu et aux voies divines. Il se réjouit de la souplesse et de la mobilité de ses jointures, et son médecin de même. Il s'achemine vers une nouvelle vie. Dans son cas, le remède était de changer ses pensées et de les garder ainsi.

Les deux mondes

Lorsque nous parlons de métaphysique, nous référons à ce qui est au-dessus et au-delà de la physique. Nous parlons du monde intérieur de nos pensées, de nos sensations, de

* Voir *Songs of God. An interpretation of My Favourite Psalms*, par le docteur Joseph Murphy, DeVorss et Cie Inc., Marina del Rey, Ca., 1979.

nos imaginations et de nos croyances. Quand vous vous arrêtez pour y penser, vous constatez que tout ce que vous faites et refusez de faire a été prédéterminé par une attitude de l'esprit, une façon de penser qui vous est propre. Si votre condition est chronique, si vous menez une vie terne, routinière, monotone, il est fort probable que vous viviez dans le passé et revoyiez les mêmes vieilles images mentales.

Vous êtes ici pour progresser, et lorsque vous refusez de permettre au Principe de Vie de vous élever à des niveaux supérieurs, il n'a peut-être pas d'autre choix que de susciter une expérience négative quelconque, comme la maladie ou autres problèmes, pour vous sortir de votre léthargie et vous amener à trouver une solution. C'est ainsi que vous vous découvrez vous-même.

La paix de l'esprit

La Bible : ... *Je ne suis pas venu apporter la paix, mais le glaive* (Matt. 10 : 34). Jésus est appelé le Prince de la Paix. Naturellement, vous devez chercher une signification psychologique et spirituelle au fond de ces paroles. En faisant allusion à la sagesse divine dans chaque homme, la Bible énonce une vérité vieille comme la terre. Lorsque vous entendez la vérité authentique au sujet de vous-même, pour la première fois, et que vous apprenez, moulez, façonnez et créez votre propre destin, vous vous sentez troublé, bouleversé peut-être, et votre esprit est indécis.

Symboliquement, le glaive tranche, coupe franc. Il s'agit ici du glaive de la division qui sépare les faux concepts des vrais.

Après une de mes conférences du dimanche matin sur « La Puissance de votre subconscient » *, une jeune fille me dit qu'elle était bouleversée au point de perdre les croyances

---

* Voir *The Power of Your Subconscious Mind*, par le docteur Joseph Murphy, Prentice-Hall Inc., Englewood Cliffs, N.J., 1963.

religieuses qu'elle avait depuis sa tendre enfance. Elle ajouta que tout lui avait semblé vrai ; c'est pourquoi elle se sentait si troublée.

Je lui ai suggéré de commencer par s'identifier aux simples vérités que j'avais avancées et de les pratiquer pour se prouver à elle-même que la vérité pouvait la libérer de ses convictions démodées, des superstitions et des complicités théologiques d'un sinistre au-delà, etc.

La vérité, ou le glaive, vient dans votre esprit afin de vous séparer de tout ce qui est faux ; en conséquence, elle sème la querelle dans votre esprit. Finalement, la vérité est victorieuse et vous découvrez que vous êtes votre propre sauveur. Quand vous êtes malade, la santé est votre sauveur ; quand vous avez faim, la nourriture est votre sauveur ; si vous êtes un captif de la peur, de l'ignorance et de la superstition, ou d'une prison de pierre, la liberté est votre sauveur ; si vous mourez de soif, l'eau est votre sauveur ; et, si vous êtes perdu dans la jungle, le principe directeur de votre subconscient vous guidera pourvu que vous fassiez appel à l'Intelligence Infinie qui réside dans les profondeurs de votre subconscient.

La Bible nous offre la réponse : *c'est moi, c'est moi Yahweh, et il n'y a pas de sauveur en dehors de moi* (Isaïe 43 : 11). *C'est moi Yahweh, et il n'y en a point d'autre ; hors de moi il n'y a point de Dieu. Je t'ai ceint sans que tu m'aies connu* (Isaïe 45 : 5).

Le JE SUIS en vous est la Présence de Dieu, la Conscience, l'Être Pur, l'Esprit Vivant, le créateur de toutes les choses visibles et invisibles. Voici pourquoi chaque homme est son propre sauveur. La Vérité vous dit de vous défaire de toutes les croyances qui sèment la peur dans votre esprit. La paix dont il s'agit n'est pas de la résignation ou la soumission à un problème, ou à une condition soi-disant incurable. Ceci veut dire de rompre avec toutes ces croyances et de refuser absolument de continuer d'endurer le problème.

Admettez que Dieu connaît la solution de tous les problèmes, allez au fond de vous-même et réclamez votre bien avec audace, insistant sur l'harmonie, la santé et une vie abondante. Détachez-vous des vieilles façons habituelles de penser. Rejetez toutes prédictions sombres et menaçantes. Attendez-vous à ce qu'il y a de plus noble et de meilleur, et le plus noble et le meilleur seront votre partage. Apprenez à marcher sur la terre en ayant toujours la louange de Dieu sur vos lèvres.

Souvenez-vous que les vérités de la vie ne concordent pas avec toutes les vieilles pensées, opinions et croyances religieuses que vous aviez, et ces vérités réveillent le don de Dieu en Vous. Croyez à ce que dit le psalmiste * dans le 23ᵉ Psaume et vous serez guidé vers les verts pâturages et les eaux calmes. Trouvez cette paix intérieure qui dépasse toute compréhension.

---

* Voir *Songs of God : An Interpretation of My Favourite Psalms*, par le docteur Joseph Murphy, DeVorss et Cie Inc., Marina del Rey, Ca., 1979.

CHAPITRE 3

LE SECRET DU SUCCÈS DANS LA VIE

Il a dit : « Je ne suis pas un succès » — La loi de la réversibilité — Réussir par la prière — Les méthodes malhonnêtes — Le succès du travail spirituel — Il était président d'une grande entreprise — L'esprit fermé et ouvert — La source de tous les bienfaits — Une vie de succès — Surveillez vos paroles — Le triomphe des principes — Pourquoi ils n'ont pas payé — Quelques superstitions courantes — La loi de l'esprit est impersonnelle — On a besoin de vous — Méditation pour réussir.

Notes personnelles :

_____

_____

_____

_____

_____

_____

_____

_____ —

_____

Tous les citoyens au monde recherchent le succès. Vous êtes né pour gagner, conquérir et triompher dans la vie. Vous devriez connaître une réussite merveilleuse dans votre vie spirituelle, la profession que vous avez choisie, vos rapports sociaux et dans tous les domaines de votre vie.

Le succès lui-même est un puissant stimulant, car le Principe de Vie en vous cherche toujours à se manifester par vous à des niveaux plus élevés. Vous connaissez le succès quand vous menez une vie heureuse et bien remplie, quand vous vous exprimez dans toute la mesure de vos talents et que vous mettez ceux-ci au service de l'humanité. Dans une entreprise fructueuse, vous vous élevez aussi haut que vous le pouvez, et ce que vous faites profite à l'humanité. Vous en tirez des récompenses matérielles et vos activités vous procurent du plaisir. Cependant, le succès a plusieurs facettes, et la réussite de l'un peut être considérée comme un échec par l'autre.

Il a dit : « Je ne suis pas un succès »

Dernièrement j'ai parlé à un homme qui disait que son seul but était de faire de l'argent. Il en avait déjà amassé beaucoup et acquis plusieurs propriétés immobilières. Il ajouta que, dans le monde des affaires, on disait qu'il avait très bien réussi. Cependant, il m'avoua qu'il n'était pas un succès ; il avait eu recours à des moyens douteux pour abuser des autres et avait gagné sa fortune en trichant et en trompant ceux qui lui avaient fait confiance. À ce moment, il souffrait d'ulcères saignants et d'une tension artérielle très élevée. En outre, il avait un complexe de culpabilité, ce qui signifiait pour lui qu'il devait souffrir et être puni.

Comme je le lui ai expliqué, son ulcère saignant était attribuable à ses pensées ulcérées. Mais, s'il renversait son train de pensées, la guérison s'ensuivrait. Il souffrait des effets secondaires des médicaments qu'il prenait. Par la suite, il renversa son train de pensées en se répétant à haute voix, soir et matin, les vérités suivantes :

« Le Seigneur est mon berger. Mon chant est celui d'une âme épanouie car j'ai choisi Dieu comme mon berger. La Divine Intelligence me gouverne et me guide dans toutes mes démarches. Je ne manquerai pas de pain, d'harmonie ou de conseils parce que la sagesse de Dieu me dirige. Je repose toujours dans de verts pâturages, car Dieu me fait prospérer au-delà de mes plus grandes espérances. Je me trouve près des eaux calmes et je proclame que la paix Infinie de Dieu submerge mon esprit et mon cœur. Mes émotions (les eaux) sont tranquilles et calmes. Mon esprit est maintenant serein et reflète les vérités et la lumière célestes de Dieu (j'ai retrouvé mon âme). Tout au long du jour, je pense à la Sainte Présence de Dieu en moi. Je chemine sur la voie de la vertu grâce à ma dévotion et mon attention envers les vérités éternelles de Dieu. Je sais qu'il n'y a pas de mort et je ne crains pas le mal. Je sais que Dieu ne nous a pas donné l'esprit de la crainte, mais celui de l'amour et de la puissance, ainsi qu'un esprit sain. Le bâton et la houlette de Dieu (amour et vérité) me réconfortent, me soutiennent et me nourrissent. La table du banquet de Dieu est toujours mise devant moi ; c'est l'endroit secret du Très-Haut où, dans mes pensées, je parle et marche avec Dieu. Je mange les vérités nourrissantes de Dieu chaque fois que la crainte et l'angoisse (mes ennemis) me troublent. Le pain que je mange est l'idée de Dieu sur la paix, l'amour et la foi dans toutes les bonnes choses. La viande que je mange est la toute-puissance de Dieu ; le vin que je bois est l'essence de la joie. La sagesse de Dieu oint d'huile mon intelligence ; c'est la lampe sur mes pieds et la lumière sur mon sentier. Ma coupe (cœur) est vraiment la chambre de la Sainte Présence de Dieu ; elle déborde d'amour et de joie. Mentalement, je réside dans la bonté, la vérité et la beauté ; c'est ma maison de Dieu. »

Alors qu'il saturait son esprit de cette interprétation du 23e Psaume, il constata un changement distinct dans tout son comportement et sa vision de la vie. Il déploya plus de bonté, plus de considération et plus d'amour dans toutes ses activités. Les drogues devinrent inutiles. Il découvrit qu'un changement d'attitude avait tout changé.

Il cessa de se condamner lui-même. Le Principe de Vie ne condamne jamais, et lorsque vous commencez à vous servir de votre esprit de la bonne manière, les bons résultats s'ensuivront. Votre esprit est un principe et si vous pensez au bien, le bien suivra ; si vous pensez au vide, le vide suivra. Le Principe de Vie n'a pas de rancune, pas plus que les principes de mathématique et de physique n'ont de rancune.

Vous pouvez perdre votre situation auprès de la compagnie qui vous emploie parce que vous ne pouvez additionner ou soustraire correctement, mais avec l'éducation appropriée, vous ne commettrez plus ces erreurs. Les principes de mathématique n'ont pas de rancune contre vous. Il en est de même pour votre esprit. Servez-vous de la loi de l'esprit de la bonne façon, selon la Règle d'Or et la loi de l'amour. Le Principe de l'Esprit n'a pas de rancune contre vous. Le passé est oublié et ne reviendra plus.

La loi de la réversibilité

Edison savait que la parole produit des vagues ondulatoires et conçut la théorie selon laquelle ces vibrations pouvaient reproduire la parole ou le chant. Autrement dit, il pensa à la transformation inversée, la reproduction de la parole ou du chant par un mouvement mécanique, à savoir le phonographe.

Les étudiants des lois scientifiques savent que toutes les transformations de force sont réversibles. La chaleur produit un mouvement mécanique. Renversez ceci et vous découvrirez qu'un mouvement mécanique produit de la chaleur. La science dit que l'électricité produit du magnétisme ; de la même manière, le magnétisme produit les courants électriques. Cause et effet, énergie et matière, action et réaction, sont les mêmes et sont inter-convertibles.

C'est pourquoi je vous dis : tout ce que vous demandez en priant, croyez que vous l'avez déjà reçu, et cela vous l'obtiendrez (Marc 11 : 24). On vous demande ici de prier en croyant que vous possédez déjà l'objet de vos prières. Ceci est basé sur la loi de la prévisibilité.

Réussir par la prière

Une mère voulait se rendre à Londres pour assister à la remise d'un diplôme collégial à son fils, mais elle n'avait pas les fonds nécessaires. Je lui ai demandé quelle serait son attitude si elle était là dès maintenant, pour l'embrasser et assister aux cérémonies de la remise des diplômes. Elle me répondit : « Oh ! Je serais si heureuse ! Je serais enchantée. »

Je lui ai suggéré de faire une expérience, le soir, avant de s'endormir. Elle devait transformer là-bas en ici, et le futur en maintenant, se voir embrasser son fils et rendre toute cette scène vivante et réaliste, à tel point que lorsqu'elle rouvrirait les yeux, elle serait étonnée de ne pas être à Londres avec son fils.

En faisant une expérience de ce genre, elle atteignit un état subjectif dès le troisième soir. Quand elle rouvrit les yeux, elle fut vraiment étonnée de ne pas être là-bas physiquement. Sa prière a été entendue lorsqu'une dame lui remboursa un prêt qu'elle lui avait consenti dix ans auparavant. Avec les intérêts, la somme était plus que suffisante pour le voyage.

Elle avait supposé qu'elle était déjà présente à la cérémonie et parlait avec son fils. Cette supposition et cette sensation joyeuse lui procurèrent le bonheur de voir son désir se réaliser. Elle avait contemplé son but comme un fait accompli. Elle avait compris que toutes les transformations de force sont réversibles. Elle savait que sa présence physique à Londres lui procurerait la joie et une grande satisfaction. En saisissant, dans son esprit, la joie qu'elle éprouverait en étant là, elle savait que cette attitude devait lui assurer que ses prières porteraient fruit.

... Il... appelle ce qui n'existe pas à l'existence (Rom. 4 : 17). Le succès de vos prières est basé sur les lois de l'esprit. Rendez-vous compte que si un fait physique peut produire en vous un état mental joyeux, l'état mental joyeux peut produire le fait physique.

Les méthodes malhonnêtes

Quand un homme a recours à des méthodes malhonnêtes en finance ou en affaires, peut-être ne subira-t-il pas de pertes financières, mais il peut perdre de plusieurs autres façons : perte de la santé, perte d'une promotion, perte de prestige, perte de son amour propre, perte d'affection, etc. Les voies du subconscient dépassent la compréhension. Tôt ou tard, il faut rendre compte de toutes les mauvaises actions ou du mauvais usage de la loi de l'esprit.

Le seul succès qui permet à l'homme de vivre dans la paix et l'harmonie est celui obtenu conformément à la Règle d'Or, c'est-à-dire penser, parler et agir envers les autres comme il voudrait que les autres pensent, parlent, ressentent et agissent envers lui. Le succès est d'abord d'ordre mental et spirituel, gouverné par l'honnêteté, l'intégrité et la justice, et tempéré par la bonne volonté envers tous les hommes, partout.

Nous sommes tous interdépendants et il est logique de supposer que le bien-être d'autrui est essentiel au succès de chacun de nous. Il est indubitablement vrai que plus l'homme prend soin de sa vie spirituelle et l'apprécie, plus il utilisera sagement, judicieusement et constructivement sa richesse matérielle.

Une personne qui a des tendances spirituelles devrait avoir une demeure confortable, être bien vêtue et bien nourrie. En d'autres mots, elle sait que toutes choses existent pour son usage et sa satisfaction... *Dieu qui donne tout avec abondance pour en jouir* (I Tim. 6 : 17).

C'est vrai que nul ne possède quoi que ce soit au sens absolu. Dieu possède tout, mais les trésors de Dieu sur terre sont à notre disposition, y compris la mer et l'air. L'homme qui a des tendances spirituelles doit avoir tout l'argent dont il a besoin pour faire ce qu'il veut faire, quand il veut le faire. L'argent n'est qu'un moyen d'échange, et il s'est présenté sous plusieurs formes au cours des âges. C'est le moyen que Dieu a choisi pour conserver la santé économique des nations.

Le succès du travail spirituel

Il faut vous rendre compte qu'un travail spirituel ou une organisation spirituelle ne peut réussir quand elle ne cesse de demander toujours plus d'argent. Une telle pratique est la preuve indéniable d'un échec. On pourrait appeler cela une fausse spiritualité. Lorsqu'une façon spirituelle d'aborder la vie a du succès, c'est que le monde en a besoin et la supporte.

L'homme qui a du succès n'est pas qu'un simple partisan, mais un authentique chercheur de la vérité. Une personne portée à la spiritualité n'est pas un prosélyte, mais un cotravailleur sur la voie. Le secret du chercheur de la vérité réside dans sa fidélité aux exhortations intérieures de son Ego supérieur. L'Infinie Présence en nous nous accorde les possibilités de réussir, car nous sommes ici pour progresser et conquérir.

Il était président d'une grande entreprise

Dernièrement, j'ai donné des conseils spirituels au président d'une compagnie très importante. Il réussissait très bien, avait tout l'argent dont il avait besoin, vivait dans une maison d'un million de dollars, entouré de confort et de luxe. Naturellement, ceci n'a rien de répréhensible. Il était arrivé sans le sou dans ce pays et avait atteint le sommet dans son domaine, et tout cela est bon.

Cependant, il n'avait pas réussi dans l'art de vivre. Sa tension artérielle était très élevée et il souffrait de migraines et de colite. Il m'a confié : « Je suis à bout de nerfs. J'ai essayé des tranquillisants, des sédatifs, des cachets antispasmodiques, mais rien ne semble pouvoir m'aider. »

Je lui ai suggéré que tout ce dont il avait besoin était la paix d'esprit et que nul autre que lui-même ne pouvait la lui donner. Je l'ai dirigé là où il pourrait la trouver. Je lui ai conseillé de lire le 23e Psaume * et de méditer sur son sens profond deux ou trois fois par jour, et de dire souvent au cours de la journée : « La paix de Dieu remplit mon esprit. » J'ai insisté que s'il commençait à penser de façon

---

* Voir la méditation sur le 23e Psaume dans *Within You Is the Power*, par le docteur Joseph Murphy, De Vorss and Compagny Inc., Marina del Rey, Ca., 1977.

constructive aux vérités éternelles du 23ᵉ Psaume, il pourrait améliorer sa condition physique et trouver la paix intérieure.

Il était désespéré et prêt à essayer n'importe quoi. Je lui ai donné le livre *Within You Is the Power** dans lequel j'explique le sens profond du 23ᵉ Psaume. Il avait l'esprit ouvert et se mit à méditer sur le Psaume et les autres chapitres du livre. Il trouva cette quiétude et cette paix intérieures qu'il recherchait. En se retournant vers la Présence de Dieu en lui et en communiant à l'Amour divin et à la Paix divine, son âme lui fut rendue.

L'esprit fermé et ouvert

On ne peut rien mettre dans une coupe déjà remplie. Certains esprits sont si pleins de fausses croyances et opinions, de concepts bizarres et grotesques au sujet de Dieu, qu'il est impossible d'y introduire quoi que ce soit de neuf, de vital et de constructif. Dernièrement, j'ai dit à un alcoolique : « Admettez que vous êtes alcoolique. Ayez l'esprit ouvert à de nouvelles idées. Un esprit fermé ne peut recevoir d'interprétation de la vie, pas plus que votre main fermée ne pourrait recevoir un livre que je vous offrirais en cadeau. »

Il me disait qu'il buvait avec excès à cause de la pression et de la tension au travail. Il faisait beaucoup d'argent, mais il en dépensait la plus grande partie dans des bistrots. Il avait faim et soif de guérison. Il en était rendu au point de décider qu'il voulait être guéri, ce qui représentait déjà soixante-quinze pour cent du processus de la guérison elle-même.

Je lui ai fait comprendre que son esprit subconscient accepterait sa conviction dans les profondeurs de son âme mais que la sincérité était une condition essentielle. Le soir avant de s'endormir, il affirma avec conviction, connais-

---

* Voir note précédente.

sance et amour : « Dieu me donne la liberté, la sobriété et la paix d'esprit. Merci Père. » Il répéta cette prière pendant cinq ou six minutes tous les soirs. En réalité, avec son esprit conscient, il écrivait liberté, paix et sobriété dans son esprit inconscient. En moins d'une semaine, il réussit à imprégner son esprit subconscient et perdit tout désir d'alcool. La loi lui imposa la liberté alors qu'auparavant, elle lui imposait de boire de façon compulsive. Il y a deux manières d'utiliser une loi, quelle qu'elle soit. Il décida d'utiliser celle-ci de la bonne façon.

La source de tous les bienfaits

La Bible dit : *Venez à moi vous tous qui portez un fardeau accablant, je vous soulagerai* (Matt. 11 : 28). La Bible est un manuel psychologique et spirituel qui ne s'adresse pas à un homme en particulier. Les personnages de la Bible sont des personnifications de la vérité. Vous n'allez voir personne pour le repos, la sécurité ou la paix d'esprit. Vous vous retournez vers le Dieu de paix en vous et proclamez avec audace : « La rivière de la paix, de l'amour et de la joie de Dieu, coule maintenant en moi et revitalise, guérit et rétablit mon âme. »

La Présence Divine est en vous. Lorsque vous contemplez l'amour, la lumière, la vérité et la beauté de Dieu dans votre propre cœur, vous êtes affranchi et relevé parce que vous avez trouvé Dieu dans votre cœur. Le Centre Divin est en vous.

Le Psalmiste * dit : *Repose dans le Seigneur et attends-le patiemment...* (Psaumes 37 : 7). Le mot « Seigneur » est la représentation spirituelle de la puissance du Seigneur, laquelle est Dieu ; mais, reposer dans le Seigneur signifie de vous reposer en sachant que l'Esprit Infini en vous, qui vous a créé, gouverne tous vos organes vitaux pendant que

---

* Voir *Songs of God: An Interpretation of My Favourite Psalms*, par le docteur Joseph Murphy, de Vorss et Cie Inc., Marina del Rey, Ca., 1979.

vous dormez, et contrôle entièrement toutes vos fonctions extérieures. Autrement dit, c'est votre Moi Supérieur.

Dans les temps anciens, il y avait des barons féodaux qui avaient pouvoir de vie et de mort sur les serfs, les esclaves et les paysans sous leur contrôle. En Angleterre aujourd'hui, les « lords » (seigneurs) sont des personnages de la noblesse qui ne possèdent pas un tel pouvoir. Voyez tout ceci de cette manière : Le Seigneur en vous est, en vérité, votre conviction dominante, votre pensée maîtresse ou croyance, qui contrôle et domine toutes vos pensées, idées, opinions, actions et réactions de moindre importance. Par exemple, votre Seigneur pourrait être la peur, si vous êtes dominé par la peur. Si la peur prédomine, alors la peur gouverne et contrôle toutes vos pensées, vos sensations, vos actions et réactions.

Un Seigneur merveilleux à placer sur un trône dans votre esprit serait un Dieu d'amour qui vous gouvernerait, vous guiderait et vous dirigerait dans tous les domaines. Cette conviction dominante accomplirait des miracles dans votre vie, et votre univers entier se fondrait comme par magie dans l'image et la ressemblance de votre conviction dominante. Lorsque l'Amour divin et l'Action divine vous gouvernent, le vrai Seigneur règne en vous et vous maintiendra dans la paix. Vous réussirez dans votre travail et dans vos rapports avec autrui. Vous serez en bonne santé et vous serez libéré du découragement et de la mélancolie.

Votre croyance dominante règne sur votre monde et détermine votre avenir, vous dit où aller et quelles seront vos expériences, bonnes ou mauvaises. Quimby disait en 1847 : « L'homme est la foi exprimée. » Vous serez assuré du succès, de l'expression juste et de rapports harmonieux avec les autres si vous prenez l'habitude de vous mettre à l'écoute du Centre Divin en vous et voyez cette Divine Présence en vous comme votre guide, votre conseiller, celui qui vous montre la voie et la source de votre avancement et de votre bien-être. C'est alors que disparaîtront toutes ces petites inquiétudes, jalousies et envies, qui suscitent la crainte et la contrariété. Elles n'auront plus de place dans votre esprit.

Chacun de nous souffre jusqu'à ce que nous ayons la perspicacité de regarder à l'intérieur de nous-même. La Bible dit : ... *Par la conversion et la paix vous serez sauvés...* (Is. 30 : 15).

Une vie de succès

Un homme âgé de quatre-vingt-dix ans, chronologiquement parlant, vient m'entendre à l'occasion, le dimanche matin. Dernièrement, il me disait qu'il y a environ trente ans, il avait la même idée de Dieu que lorsqu'il était un petit garçon. Son concept était celui d'un Dieu coléreux et rancunier, une sorte de sultan oriental qui règne comme un tyran. Il vivait dans la crainte et pensait que la volonté de Dieu était de le voir souffrir. Il tomba gravement malade et le médecin lui dit : « Il ne vous reste environ que deux mois à vivre. Mettez de l'ordre dans vos affaires. »

Une jeune femme qui rendait visite à un autre malade dans sa chambre à l'hôpital lui remit une brochure sur la façon d'utiliser le Pouvoir de guérison, brochure qu'il dévora avec avidité. Tout à coup, il éprouva une grande soif et une grande faim de vivre. Il se leva de son lit, insista pour rentrer chez lui et invita tous ses amis au restaurant pour y boire et manger. Il déclara : « Je célèbre ma résurrection. » Sa foi et sa nouvelle vision de la Présence Infinie de la Guérison en lui avaient réagi, et cette transfusion spirituelle avait transformé sa vie entière.

Il m'a confié qu'il avait réalisé beaucoup plus de choses au cours des trente dernières années que dans toutes les soixante années précédentes. Il se débarrassa de toutes les vieilles structures mitées, des vieilles ornières et faux concepts, et il entreprit une nouvelle vie et contribua au succès de tous ceux dont il avait la charge et qui étaient ses amis.

Surveillez vos paroles

Votre esprit inconscient vous interprète littéralement. Je connais un homme, un entrepreneur en bâtiment âgé d'environ cinquante-cinq ans. Sa femme se plaint qu'il répète sans cesse : « Je prends de l'âge. Je ne suis plus aussi fort qu'auparavant. Je perds la mémoire. Je n'en peux plus. » Cet homme semble avoir plus de quatre-vingts ans et souffre de faiblesse, de décrépitude, d'un manque de vitalité et de joie de vivre. Sa femme lui parle des fonctions de son esprit subconscient, mais il la ridiculise et dit que l'esprit subconscient n'existe pas. Son esprit est fermé et il exprime ce qu'il imprime sur son esprit subconscient.

La vie ne vieillit jamais. L'âge n'est pas l'envol des années, mais l'aurore de la sagesse. L'amour, la foi, la confiance, la joie, la bonne volonté, le rire et l'inspiration ne vieillissent jamais. La vie cherche toujours à s'exprimer à travers vous à des niveaux plus élevés, que vous ayez quatre-vingt-dix ou neuf ans. Apprenez à écouter les impulsions de l'intérieur. Ce sont les incitations de l'Esprit, ou de Dieu, en vous, qui vous disent : « Venez, élevez-vous un peu plus. J'ai besoin de vous. » Accueillez la douce démarche de cet hôte invisible dans votre cœur.

... *Moi je suis venu pour qu'on ait la vie et une vie abondante* (Jean 10 : 10). C'est l'exhortation du Principe de Vie en vous. C'est la Présence Infinie qui vous rend conscient des murmures, des chuchotements, de l'inspiration et des rêves qui vous rendent capables d'aller de l'avant, en haut et vers Dieu.

Le triomphe des principes

Emerson disait : « Rien ne vous procurera la paix, si ce n'est le triomphe des principes. » Vous ne poseriez pas de fils dans votre maison à moins de comprendre et d'appliquer les principes de l'électricité. Vous ne fabriqueriez pas des produits chimiques à moins de comprendre les principes de la chimie. Pour construire une maison, vous devez être initié aux principes du bâtiment. Si vous décidez de devenir musicien, il vous faudra étudier la musique et pratiquer, puis, au bout d'un certain temps, peut-être pourrez-vous exécuter un morceau de musique classique même si vous avez les yeux bandés. Vous aurez alors établi l'équivalent dans votre esprit subconscient, ce qui vous rend capable de jouer automatiquement.

Votre esprit est un principe. Pensez au bien et le bien suivra; pensez à la pauvreté et aux limitations et vous connaîtrez la pénurie et la pauvreté. Vous êtes ce que vous pensez tout au long du jour. Apprenez les lois de votre esprit et pratiquez-les. Par exemple, toute idée en vous qui prend la forme d'une émotion et que vous ressentez comme vraie, se dépose dans votre esprit subconscient et se matérialise. Sachant cela, soyez prudent quant aux impressions de votre esprit subconscient.

Pourquoi ils n'ont pas payé

Au cours d'une conversation avec une praticienne, elle m'a fait remarquer qu'elle donne beaucoup de temps et de conseils à des gens dont plusieurs ne la payent jamais. Je lui ai suggéré qu'elle pouvait corriger cette situation en affirmant que tous ceux qui viennent à elle sont bénis, guéris et prospères, et qu'ils payent avec plaisir selon l'Ordre divin.

Elle changea d'attitude et son subconscient réagit. Plusieurs clients ne la payaient pas parce que, durant le jour, elle agissait comme travailleuse sociale et sa pensée subjective était orientée vers les démunis et la pauvreté. Elle eut beaucoup de succès grâce à sa nouvelle perception du travail de l'esprit.

Quelques superstitions courantes

Plusieurs disent : « Si c'est la volonté de Dieu, je le veux. » Si votre prière commence par « si », votre désir sera très conditionnel et ne se réalisera probablement jamais. Une femme qui cherchait un compagnon disait : « Je suis trop vieille. Je ne suis pas belle. » Elle énumérait toutes les raisons qui l'empêchaient de se marier, plutôt que celles qui l'aideraient.

J'ai dit à cette femme qui avait ces idées défaitistes : « L'homme que vous cherchez vous cherche également. La dernière fois qu'il s'est marié, sa femme était si belle qu'elle le trompait et couchait avec tous les hommes. Il en a eu assez d'une telle situation, c'est vous qu'il veut maintenant. »

J'ai enchaîné en lui suggérant de lire les journaux et d'y constater les noms et l'âge des personnes qui se mariaient à soixante-dix et quatre-vingts ans. L'Esprit Infini attirera vers vous le compagnon qu'il vous faut selon l'Ordre divin, mais vous devez le demander. Pensez à toutes vos bonnes qualités et à tout ce que vous pourrez donner à un homme. Que cela soit votre message et, selon la loi des rapports réciproques, vous attirerez celui qu'il vous faut dans votre vie. Votre sincérité fera que votre vœu se réalise.

Elle a suivi ces simples directives et, au moment voulu, sa prière a été entendue.

Voici une autre superstition : « Si c'est la volonté de Dieu. » L'absurdité de cette phrase dépasse l'entendement. La volonté de Dieu est de donner une plus grande part de vie, de liberté, d'expression et de croissance. Toute idée, ou désir, que vous avez de croissance, de richesse, de succès ou de guérison, est la volonté de Dieu à votre égard. Concentrez-vous sur votre désir. Trouvez un point de rencontre pour votre conscient et votre subconscient, alors votre désir se réalisera.

Et voici cette autre superstition : « Si c'est bon pour moi. » Qu'est-ce qui n'est pas bon pour vous ? C'est bon pour vous de vivre dans l'abondance. C'est bon pour vous d'être en parfaite santé, d'avoir la paix, l'harmonie, la joie, l'abondance, la sécurité, la place qui vous appartient et tous les bienfaits de la vie. Dieu vous a donné généreusement toutes ces choses pour votre plaisir.

La loi de l'esprit est impersonnelle

Regardez un métier à tisser. Tous les fils sont dessus : noirs, bruns, jaunes, etc. Le métier prend tous les fils sans se soucier. Supposons maintenant que vous regardez un tapis qui vous paraît laid, une horreur. Changez de fils et le métier mécanique agira en conséquence. Votre esprit conscient est le tisserand et votre esprit subconscient, le métier.

Un homme ouvre un lupanar et fait beaucoup d'argent. Le subconscient ne s'en soucie pas ; il n'a pas de morale. Il exprime ce que l'on a imprimé sur lui, bon ou mauvais. Par exemple, un homme peut recevoir beaucoup d'argent en héritage. Peut-être en fera-t-il un mauvais usage. Peut-être perdra-t-il tout au jeu, ou peut-être, s'il s'agit d'un homme de religion, enseignera-t-il la privation et sèmera la crainte dans l'esprit des gens.

Souvenez-vous que la loi est impersonnelle. Si vous faites un mauvais usage de la loi pour léser les autres, ou les voler, ou les priver d'une façon quelconque, la loi de votre esprit réagit à sa façon... *c'est moi qui ferai justice, moi qui rétribuerai, dit le Seigneur* (Rom. 12 : 19). Vivez selon vos idéaux les plus élevés.

Un homme m'a demandé pourquoi les pervertis sexuels et les adeptes de la drogue sont de bons poètes, de bons musiciens et de bons dramaturges. La réponse est simple : Dieu, ou l'Intelligence Infinie, ne fait pas de distinction entre les individus et répondra à l'altruiste, au perverti ou au meurtrier, pourvu qu'il ait la foi ; et ce qui lui arrivera sera conforme à ses croyances.

Certaines personnes ont aussi cette autre superstition que Dieu les met à l'épreuve. Ils ont un quelconque complexe messianique que Dieu est là-haut quelque part dans les nuages et leur enverra un grand défi afin de voir comment ils le relèveront. Dieu ne punit ni n'éprouve qui que ce soit. L'homme se punit lui-même à cause de son ignorance et de son mauvais usage des lois de l'esprit. Le seul péché est l'ignorance, et toute la souffrance du monde en est la conséquence.

On a besoin de vous

Le poète a dit : « Nous sommes tous une partie d'un tout prodigieux dont le corps est la nature et Dieu, l'âme. » Le travail doit se faire dans la joie. Dans l'ancien temps, c'est avec une chanson au cœur que l'on fabriquait une table, une statue ou une chaise. On était fier de son travail. La pièce la plus grande d'une table, ou d'un bâtiment, a besoin de la plus petite. Toutes les composantes sont nécessaires au tout. On a besoin de vous. Il n'y a pas d'inadaptés dans l'univers. Dans une symphonie, toutes les notes comptent.

Personne au monde ne peut faire quelque chose exactement comme vous le faites car il n'y a que vous qui soyez vous. Vous êtes unique. Le cuisinier est essentiel au général de l'armée. Rien n'est inutile si ce n'est la croyance et le concept que vous l'êtes. Votre subconscient accepte ce que vous croyez vraiment, et vous agissez en conséquence.

Méditation pour réussir

« *Ne saviez-vous pas que je me dois aux affaires de mon Père?* »* Je sais que mes affaires, ma profession ou mes activités sont les affaires de Dieu. Chaque jour, je deviens plus sage et plus compréhensif. Je sais, je crois et j'accepte

---

* Voir Luc 2 : 49.

le fait que la loi divine de l'abondance travaille toujours pour moi, par moi et autour de moi.

« Mes affaires, ou ma profession, sont remplies de bonnes actions et d'expressions justes. Les idées, l'argent, la marchandise et les contacts dont j'ai besoin m'appartiennent aujourd'hui et en tout temps. Toutes ces choses sont irrésistiblement attirées vers moi par la loi de l'attraction universelle. Dieu est la vie de mes affaires ; je suis divinement guidé et inspiré dans tous les domaines. Je rencontre chaque jour des occasions merveilleuses de croître, de grandir et de progresser. J'accumule de la bonne volonté. Je récolte de grands succès car je transige avec les autres comme je voudrais qu'ils transigent avec moi. »

CHAPITRE 4

LE POUVOIR DE L'ESPRIT: SAUVÉE DE L'ABÎME DE LA MORT

Une simple vérité — L'amour divin guérit — Une nouvelle façon de penser a changé sa vie — Le sens profond de la Règle d'Or est important — Il disait: «J'ai essayé mais je ne peux pas» — Comment il remit son esprit à neuf — Elle apprit le secret — Il a dit que l'explication a transformé sa vie — Rejoignez l'Infini — Votre désir doit atteindre votre subconscient — Il se faisait une mauvaise image de lui-même — Elle était pourchassée par la crainte et la culpabilité — Les deux «MOI» en vous — La voie du succès.

Notes personnelles:

_____

_____

_____

_____

_____

_____

_____

_____

_____

_____

_____

_____

_____

_____

_____

_____

_____

_____

_____

_____

_____

_____

Dernièrement, à Munich, en Allemagne, je parlais avec une femme dont l'âge chronologique était de 80 ans. Elle me raconta que, dans le passé, sa condition physique avait été considérée désespérée et incurable, mais qu'elle avait été sauvée de l'abîme de la mort par des moyens spirituels après que toute l'aide matérielle eut échoué.

Quelqu'un lui avait parlé d'un guérisseur spirituel. Il n'administrait pas de médicaments ni de drogues. Il n'avait pas de système de traitement corporel. Il ne lui posa pas de questions au sujet de ses symptômes, ses douleurs et ses souffrances, mais il s'est assis d'un air méditatif près d'elle et dit : « Pensons à Dieu et à ses merveilles. » Ensuite, il affirma à haute voix : « Dieu est un Père qui m'aime et me guide, une puissance de guérison entière, immédiate et accessible. Dieu est présent comme un Esprit Vivant et Sa Sainte Présence imprègne chaque partie de notre être. »

Un changement remarquable s'était produit quand elle eut ouvert son esprit et son cœur au flux de l'Esprit Saint. Sa prise de conscience de la Présence Infinie de la Guérison et sa réceptivité avaient ressuscité sa plénitude, sa vitalité et sa perfection, et une guérison merveilleuse s'ensuivit. Ceci est le pouvoir de l'Esprit, ou Dieu. Le point tournant se manifesta lorsqu'elle eut découvert que les ressources infinies de l'Amour et de la Sagesse divines étaient prêtes à se mettre à l'œuvre à l'intérieur d'elle-même.

Une simple vérité

Le pouvoir de l'Esprit (Dieu) n'est pas une demi-mesure. Il nous faut vivre notre vie spirituelle dans toutes les sphères de nos intérêts naturels et sociaux. Nous sommes ici pour vivre par l'Esprit. Dieu est Esprit, et cet Esprit s'est manifesté dans ce monde magnifique de temps et d'espace. L'Esprit en nous nous donne le pouvoir de vaincre. Il y a en nous une Présence Divine qui nous permet d'élever nos problèmes dans la lumière céleste et de les voir transfigurés par l'aide que nous demandons et recevons. Il y a un guide pour chaque besoin ; il y a de l'amour pour chaque cœur. L'amour est le plus grand des pouvoirs de guérison car il touche le subconscient, nous presse, nous renforce et nous transforme afin que nous devenions des centres rayonnants pour les bienfaits de l'humanité.

L'amour divin guérit

Il y a quelques mois, après avoir donné une conférence à Londres, j'ai eu un entretien avec une femme qui m'a dit que, soudainement, elle était devenue la victime d'une inflammation glandulaire et que ses tissus étaient devenus enflés dangereusement. Elle prenait des médicaments et me raconta que l'inflammation disparaissait pendant quelques semaines et revenait ensuite.

Je l'ai interrogée au sujet de sa vie émotive, lui soulignant que les glandes sécrètent des hormones et que le mot « hormone » signifie harmonie. Cette femme me confia qu'elle détestait sa sœur car celle-ci l'avait fraudée d'une grosse somme d'argent ; cette haine et cette hostilité avaient provoqué l'inflammation de ses glandes et autres organes. Autrement dit, elle absorbait du poison.

La solution était d'avaler et d'absorber l'Amour divin dans son Esprit, ce qui lui permettrait de recouvrer la plénitude et l'harmonie. Toutes les religions enseignent la pratique de l'Amour et de la bonne volonté envers tous et que nous devons nous aimer les uns les autres. Aujourd'hui, en médecine holistique, les médecins insistent que l'amour et la bonne volonté, de même que le pardon, sont définitivement nécessaires à la santé et au bonheur.

En conséquence, elle prit la décision de se libérer de sa sœur et de se guérir. Je lui ai expliqué qu'elle n'avait pas à se forcer ou à s'imposer mentalement d'aimer sa sœur, car cette méthode déclencherait la loi de l'effort réversible. Il lui suffisait de remplir son âme, ou son subconscient, de l'Amour divin.

Sa prière était celle-ci : « La guérison amoureuse de Dieu comble tout mon être. Dieu m'aime et prend soin de moi. Je suis complètement submergée dans la rivière de la paix divine. » Elle affirma ces vérités à raison de vingt minutes à la fois, trois fois par jour. Elle a aussi suivi mon conseil que voici : Chaque fois que son esprit s'arrêtait sur la pensée de sa sœur, elle devait déclarer « La paix de Dieu remplit mon âme. »

Il y a une semaine, j'ai reçu d'elle une lettre merveilleuse. Elle m'écrivait : « Je suis en paix. Je n'ai plus besoin de médicaments. Lorsque je pense à ma sœur, je suis en paix. Il n'y a plus de pincement et je lui souhaite du bien. » Voilà le pouvoir de l'amour. Il dissout tout ce qui ne lui ressemble pas. Si vous êtes en paix et êtes rempli de bonne volonté envers tous les autres, vos organes et vos nerfs ne gémissent plus de douleur, et votre estomac ne souffrira plus d'ulcères et d'indigestion aiguë.

Une nouvelle façon de penser a changé sa vie

Lors d'une récente tournée de conférences en Europe, au cours de laquelle j'ai tenu des séminaires à Munich, Francfort, Hanovre, Zurich, Vienne et Londres, j'ai rencontré plusieurs personnages intéressants et extraordinaires dans les domaines de la science, de la médecine, des affaires et de la politique. Un haut fonctionnaire du gouvernement m'a rendu visite à mon hôtel de Munich, en Allemagne, pour me dire qu'il devait son succès et son avancement à la mise en pratique de ce qu'il avait lu dans *The Power of Your Subconscious Mind**, livre qui avait été publié en allemand depuis nombre d'années.

Il m'a raconté qu'il avait occupé une position sans importance avec un salaire insuffisant. Après avoir lu mon livre, il se rendit compte qu'il était porté à critiquer, condamner et déprécier les autres qui étaient promus à des échelons supérieurs. Ce faisant, il constata qu'il se rétrogradait lui-même. Il me dit qu'il avait cessé d'agir ainsi et avait appris à souhaiter du bien aux autres, à les comprendre et à les apprécier pour ce qu'ils avaient accompli; dès lors, il avait décidé de collaborer et de les accepter tels qu'ils étaient. Il ajouta qu'il s'était rendu compte qu'en souhaitant du bien aux autres et qu'en se réjouissant de leur promotion et de leur avancement, il se faisait aussi du bien à lui-même. C'est alors qu'il m'a dit qu'il était venu pour me remercier d'avoir écrit le livre.

C'était un des plus beaux compliments que l'on m'ait adressés au cours de mon voyage. L'amour est le dissolvant universel, et lorsque vous vous demandez, honnêtement : Est-ce que j'aimerais vivre avec ce que je pense d'autrui et ce que je lui souhaite ? Dans l'affirmative, vous accumulez de la santé, du bonheur, de la prospérité et du succès dans votre propre mentalité. La raison en est fort simple : vous

---

* Voir *The Power of Your Subconscious Mind*, par le docteur Joseph Murphy, Prentice-Hall Inc., Englewood Cliffs, N.J., 1963.

êtes le seul penseur dans votre univers, et votre pensée est créatrice. Vous créez dans votre propre vie tout ce que vous pensez au sujet des autres.

Le sens profond de la Règle d'Or est important

Presque tout le monde connaît la Règle d'Or, mais combien comprennent son véritable sens ? Simplement dit, dans le langage de tous les jours, tout ce qu'elle signifie c'est que tout ce que vous pensez d'une autre personne vous le créez dans votre propre vie, car votre pensée est créatrice. Sachant que ceci est vrai, vous verrez les autres à la ressemblance de Dieu. Chaque pensée a tendance à se manifester.

Combien différent serait le monde si nous pratiquions tous la Règle d'Or et la loi de l'Amour. Nous créerions le ciel sur terre. L'homme ordinaire peut citer la Règle d'Or par cœur, mais il n'en comprend pas le sens profond. Par conséquent, il ne lui obéit pas.

Comme vous désirez que les hommes vous traitent, traitez-les pareillement (Luc 6 : 31). Cette directive provient de votre âme elle-même et, à quiconque la suit et la pratique, elle apporte l'harmonie, la santé et la paix. Si les gens pratiquaient la Règle d'Or, il n'y aurait ni guerre, ni crime, ni cruauté, ni viol, ni souffrance, ni brutalité. Nous n'aurions pas besoin de l'armée, de la marine, des forces de l'air, de la police, ni des armes atomiques ou nucléaires. Si vos pensées sont saines, vos actions seront saines. Il est impossible qu'une pensée négative engendre une action juste, de même qu'un grain de semence non viable ne peut produire un pommier.

Il disait : « J'ai essayé mais je ne peux pas ».

Un alcoolique se vantait devant moi d'être capable de prendre un verre ou deux et d'arrêter ensuite. C'était une affirmation oiseuse car il était sous la contrainte d'en prendre un autre et encore un autre jusqu'à ce qu'il soit ivre. Son subconscient disait une chose alors que son esprit conscient en disait une autre. Il était impuissant parce qu'il était sous la contrainte subconsciente de boire. Il avait perdu le contrôle. Il vivait sous la contrainte de son habitude et de ses émotions conditionnées. Il était victime d'une force intérieure irrésistible.

Il m'a dit qu'il prenait plusieurs verres afin de se donner du courage et d'élever son moral. Cependant, chaque fois qu'il agissait ainsi, il rejetait sa propre Divinité, laquelle est Toute-Puissance et Toute Sagesse. Il en tirait ce que l'on pourrait appeler un faux courage, un élan temporaire et passager. Après s'être répété sans arrêt ces suggestions de faiblesse, d'infériorité et de médiocrité, celles-ci avaient envahi son esprit subconscient, et tout ce qui s'imprime sur le subconscient devient compulsif. Il était devenu un alcoolique, un buveur compulsif et toujours ivre.

Comment il remit son esprit à neuf

Cet homme apprit qu'il lui fallait acquérir un désir de liberté, autrement ce serait le naufrage. Il voulait être guéri et chaque soir avant de s'endormir il s'assoupissait en disant ces mots : « Liberté et paix d'esprit. » Alors qu'il continuait de réclamer la liberté et la paix d'esprit, il savait qu'il parviendrait à changer son habitude.

Au bout de quelques semaines, il se vit contraint par la sobriété et la paix d'esprit. Cette même loi qui l'avait attiré vers la bouteille lui avait apporté la liberté et une parfaite guérison.

Elle apprit le secret

Il y a quelques mois, j'ai tenu un séminaire à Vienne, en Autriche. Au cours d'une conversation avec une golfeuse célèbre, celle-ci me dévoila qu'après avoir appris toutes les règles et les techniques du jeu, chaque soir elle se disait : « Je suis détendue, je suis calme, je suis sereine, je suis sûre de moi avant chaque match, et le Pouvoir Tout-Puissant en moi prend les commandes. Je joue majestueusement et glorieusement, je joue pour Lui. »

Elle avait étudié tous les aspects du jeu, pratiquait régulièrement et disciplinait son esprit et son corps ; mais elle était assez intelligente pour laisser son Moi Supérieur gouverner ses mains, sa position et sa direction, selon sa manière supérieure et inimitable. Chaque soir, elle saturait son subconscient des paroles qu'il fallait.

Après un certain nombre de répétitions, elle avait réussi à imprégner son subconscient et, par la force des choses, devint une grande et célèbre golfeuse. La loi du subconscient est compulsive.

... Que vous vous aimiez les uns les autres...
(Jean 13 : 34)

L'intérieur gouverne l'extérieur. Vous ne pouvez aimer les autres à moins que vous n'entreteniez des pensées amoureuses et harmonieuses dans votre esprit. Les habitants de votre esprit sont des pensées, des idées, des croyances, des opinions, et vos réactions devant les événements de tous les jours. Assurez-vous qu'elles soient conformes à tout ce qui est vrai, aimable, noble et à la ressemblance de Dieu.

Vos disciples et les disciples mentionnés dans votre Bible, représentent les qualités disciplinées de votre esprit. Est-ce que vous disciplinez votre vision ? Votre vision est ce sur quoi vous vous concentrez, ce que vous regardez dans votre propre esprit. Et vous vous dirigez là où est votre vision. Votre foi est disciplinée lorsque vous adhérez et donnez votre fidélité aux lois créatrices de votre esprit et lorsque vous croyez implicitement dans la bonté de Dieu sur la terre des vivants. Votre foi ne réside pas dans des symboles, des dogmes, des traditions, des hommes ou des institutions, mais dans les principes éternels qui sont les mêmes qu'hier, aujourd'hui et toujours.

Vous disciplinez votre imagination lorsque vous imaginez ce qui est aimable et de bon aloi. Lorsqu'il est discipliné, votre jugement signifie que vous décidez de la vérité ou de la fausseté de toute pensée. Lorsque vous affirmez sans cesse le bien, ceci s'appelle un jugement droit qui sème l'harmonie et la paix dans votre vie. Tout ce que vous réaliserez sera montré sur l'écran de l'espace.

Souvenez-vous que si votre esprit est rempli de crainte, d'inquiétude, de ressentiment, de préjudices, de colère, de jalousie ou de préjugés religieux, vous ne pouvez pas alors aimer vraiment car votre esprit est occupé par les contraires de l'amour. Vous projetez votre attitude mentale sur les autres et vous les blâmerez et les critiquerez.

Il a dit que l'explication a transformé sa vie

Au mois d'août 1979, j'ai parlé au Caxton Hall, à Londres, et j'ai dit à un homme bouleversé : « Vous devez vous prêcher la parole de Dieu à vous-même. Les changeurs et les voleurs dont vous parlez sont dans votre propre esprit. Vous êtes le temple de la conscience, et les changeurs et les voleurs qui vous dévalisent sont la peur, l'ignorance, la superstition, l'autocondamnation, l'autocritique et la mauvaise volonté. L'homme à l'esprit spirituel se débarrasse de tous ces voleurs et fraudeurs en remplissant son esprit subconscient de pensées vitalisantes et des vérités éternelles de Dieu. Il aura alors la paix et l'harmonie intérieures et les exprimera à l'extérieur, par son corps, dans ses affaires et dans ses rapports avec tous les gens. »

Cet homme avait pensé à un temple qui aurait existé il y a 2 000 ans et croyait que les voleurs et les changeurs existaient à l'extérieur de son esprit. Ayant constaté qu'il se privait de vitalité, de paix, d'harmonie, de richesse et de succès, il changea d'attitude. La lumière sembla se faire dans son esprit et pénétrer le brouillard. L'explication lui apporta la guérison.

Rejoignez l'Infini

Dernièrement, je parlais avec un homme qui me disait qu'il se sentait coupable lorsqu'il ne faisait rien. Une certaine force le poussait à travailler même après une journée complète au bureau. C'était un « alcoolique du travail ». Il apportait son matériel à la maison et travaillait jusqu'à minuit sur des chiffres, des plans et des projets financiers. Il avait eu deux crises cardiaques de même que des ulcères saignants, tous causés par des pensées ulcéreuses et des perturbations émotives.

Il avait oublié que Dieu avait consacré le dimanche, non pas comme un jour de la semaine, mais comme un temps de repos mental pour se mettre à l'écoute de l'Infini et répéter fréquemment : « L'Esprit Infini me dirige et me guide dans toutes mes démarches. Mon cœur et mon esprit sont baignés par la divine rivière de paix. »

Je lui ai suggéré de prendre, chaque soir, le temps de prier et de méditer, par exemple lire et méditer sur les 91e, 23e, 27e, 46e et 42e Psaumes, en changeant de temps à autre. Il se rendit compte qu'il devait se tourner régulièrement vers la Source de Force, l'inspiration et passer des moments paisibles dans la contemplation de Dieu et de Son amour, ce qui comblerait sa vie de merveilles.

Il commença à méditer durant son heure de lunch, de même qu'à tous les matins sur les grandes vérités de *Quiet Moments with God** (Moments paisibles avec Dieu), et découvrit qu'il était complètement libéré de la tension des activités et des anxiétés de la journée. N'oubliez pas de demander régulièrement et systématiquement à la sagesse de Dieu d'oindre votre intellect, et au pouvoir du Tout-Puissant de vous rendre plus fort. Prenez de cinq à dix minutes, deux ou trois fois par jour pour réfléchir sur les

---

* Voir *Quiet Moments with God*, par le docteur Joseph Murphy, De Vorss et Compagnie Inc., Marina del Rey, Ca., 1958 (Douzième édition, 1978).

grandes vérités de Dieu ; alors, vous respectez le dimanche, c'est-à-dire que vous vous livrez à Dieu et vous laissez votre esprit et votre corps se faire envahir par l'Esprit Saint.

Cet homme se mit à inviter l'Esprit Infini en lui à participer à toutes ses entreprises et il découvrit que son Partenaire Senior, son Moi Supérieur, lui révélait comment faire les choses plus facilement.

Votre désir doit atteindre votre subconscient

Plusieurs personnes m'ont dit qu'elles désiraient la prospérité, le succès et les bienfaits de la vie, et qu'elles priaient pour une vie tranquille et détendue, mais que rien ne se produisait. Elles sont si souvent nerveuses, craintives et habituellement anxieuses, que leurs pensées routinières sont devenues leur maître.

Pour surmonter cette condition, il faut penser paisiblement à votre désir de promotion, d'expansion, de prospérité et de succès, en tenant compte que votre désir de croissance et d'expansion provient de Dieu et que le pouvoir du Tout-Puissant fera que votre désir se réalise selon la loi et l'ordre divins. Graduellement, alors que vous orientez vos pensées dans cette direction, vous réussirez à intégrer votre désir dans votre esprit subconscient, lequel le réalisera.

Plusieurs personnes dans les bureaux, les usines et les places d'affaires ne sont ni plus ni moins que des hommes et des femmes mécaniques, ne faisant que réagir selon les pressions et les suggestions qui les entourent. De cette façon, ils sont portés à devenir des automates qui agissent au gré du vent. Plusieurs font la même erreur, que ce soit en pensée ou en action. Ne manquez pas de vous répéter à vous-même les vérités éternelles. Par la répétition, la foi et l'espérance, votre moisson sera plantureuse.

Il se faisait une mauvaise image de lui-même

Alors que je conseillais un jeune homme dont le problème fondamental était d'être un malade chronique, je me rendis compte que dès qu'il était guéri d'une maladie, il devenait victime d'une autre. Il avait subi six interventions chirurgicales dans l'espace de six ans. Il s'était fait de lui-même l'image d'un homme malade. Quand il était jeune, on lui avait dit qu'il était maladif et serait toujours faible. Il accepta cette situation et, comme résultat, il apprit à ne pas être en santé. Sa croyance qu'il était destiné à toujours être malade s'était logée dans son esprit subconscient, et tout ce qu'il croyait se réalisait.

Sous mes instructions, il renversa cette image et pratiqua le traitement du miroir, tous les matins, pendant cinq à dix minutes. Il se regarda dans le miroir et affirma à haute voix : « JE SUIS toute santé. Dieu est ma santé. » Graduellement, l'idée de plénitude s'installa dans son esprit subconscient et il est maintenant délivré d'une fausse croyance. Il pratiqua avec diligence et fidélité la technique que je lui avais donnée, jusqu'à ce qu'elle se manifeste dans sa vie.

Elle était pourchassée par la crainte et la culpabilité

Une jeune femme de 22 ans me disait : « Je suis pourchassée par toutes sortes de craintes. » Elle avait peur de Dieu, de l'avenir, de l'au-delà, des entités mauvaises, du diable et du vaudou. La Bible dit : *Car Dieu ne nous a pas donné un esprit de crainte, mais de force, d'amour et de modération* (II Tim. 1 : 7).

Je lui ai expliqué que lorsque nous sommes jeunes, nous sommes tous très impressionnables et malléables, et que ses parents ainsi que son entourage avaient conditionné son esprit au moyen de fausses vérités sur Dieu, la vie et l'univers. Elle commença à se rendre compte qu'elle était née sans crainte, sentiment de culpabilité ou auto-condamnation, mais que toutes ces choses lui avaient été données par la suite. Elle avait des idées bizarres sur les mauvaises entités et croyait que les forêts étaient remplies d'elfes et de lutins. Le danger semblait la guetter partout.

Elle commença à lire et à méditer sur le 27e Psaume *, soir et matin, et à dire plusieurs fois par jour : « Dieu m'aime et prend soin de moi. Je suis la fille de Dieu et un enfant de l'Éternité. » Elle pratiqua cette simple affirmation avec détermination et fidélité, et elle découvrit une nouvelle appréciation d'elle-même, un nouveau plan de sa personne. Grâce à cette saine vision d'elle-même, elle s'épanouissait selon l'Ordre divin.

Les deux « MOI » en vous

Ayez la ligne de pensée suivante : Le premier moi est ce que je suis maintenant ; le deuxième moi est ce que je voudrais être. Par conséquent, je dois mourir psychologiquement à ce que je suis maintenant afin de vivre selon ce que je voudrais être. Cette fille dont il s'agit est morte à son vieux moi. Toutes les fausses vérités implantées dans son esprit dès son enfance ont été éliminées et elle a dédié toute l'énergie retenue prisonnière par ses vieilles croyances, à la nouvelle image qu'elle se faisait d'elle-même. L'énergie perdue dans son image de limitation, de pénurie et de crainte, se transporta vers sa nouvelle image du succès, du charme et de la beauté.

La voie du succès

À Vienne, un jeune musicien m'a raconté sa lutte pour atteindre ce qu'il appelait les plus hauts sommets de la musique. Il m'a dit qu'au début, l'opposition à son avancement, sa pauvreté et son manque de contacts étaient

---

* Voir *Songs of God : An Interpretation of My Favorite Psalms*, par le docteur Joseph Murphy, De Vorss et Compagnie Inc., Marina del Rey, Ca., 1979.

un grand handicap pour lui. Cependant, il avait entendu une conférence sur l'esprit et s'était rendu compte que les défis, les difficultés, les obstacles et les délais qu'il avait rencontrés l'avaient aidé à découvrir les pouvoirs en lui. Il avait eu recours à la Puissance Invisible, Dieu, en lui.

Ses chances de réussite étaient minces, mais il avait été tenace, se répétant que l'Intelligence Infinie ouvrait la voie et que son sens d'identité avec l'Infini vaincrait tous les obstacles. Tous les défis et les revers avaient aiguisé ses outils spirituels et mentaux. Sa mère lui avait fait lire la biographie de Chopin en lui disant qu'il y puiserait de la force. Il semble que cette lecture lui avait donné le courage de tenir bon.

Chopin avait été très malade et très pauvre, mais il avait eu la foi et la confiance qu'il existait une Puissance qui lui permettrait de réaliser les désirs et les rêves de son cœur. Il avait réussi à composer 54 mazurkas, un grand nombre de Polonaises et plusieurs chansons polonaises. L'Esprit en lui lui avait montré la voie. Bien qu'il se dirigeât lentement vers la dimension suivante de sa vie, il n'en réalisa pas moins le désir de son cœur.

Le vieil aphorisme est toujours vrai : « Les choses vivent par le mouvement et elles prennent de la force en cours de route. » Paul dit : ...*Car quand je suis faible c'est alors que je suis fort* (II Cor. 12 : 10). Donnez-vous entièrement à Dieu, alors rien n'empêche Sa Puissance de se perfectionner en vous. C'est alors que vous êtes fort... *Le Seigneur m'a assisté et m'a fortifié* (II Tim. 4 : 17).

CHAPITRE 5

ENSEIGNEZ-NOUS À PRIER

Comment elle a connu une illumination — Le Saint des Saints — La prière de la foi — Comment elle a prié pour son beau-frère — Les promesses de Dieu — Vous êtes un médiateur — Les anges vous protègent — Êtes-vous omniprésent? — Plus près de toi — Est-ce sage? — Le saint patron — Vous pouvez préparer un avenir glorieux — Vous êtes le capitaine sur le pont — L'âge n'est pas l'envol des années — C'est un prodige de la médecine — Sa religion était son problème.

Notes personnelles:

_____

_____

_____

_____

_____

_____

_____

_____

_____

_____

_____

_____

_____

_____

_____

_____

_____

_____

_____

_____

_____

Selon une ancienne expression : « La vraie prière n'est pas d'imposer des sons répétés par des lèvres vociférantes, mais c'est le silence profond d'une âme qui s'accroche aux pieds de Jéhovah. » La foi trouve sa manifestation naturelle et appropriée dans la prière. Il y a la prière formelle et rituelle, et la prière de la foi et de l'amour. Leur nature et leurs effets sont essentiellement différents.

À travers le monde, des millions de personnes prient parce que cela fait partie de leur vie religieuse qu'elles essayent d'exprimer, ou elles prient par sens du devoir, considérant la prière comme une tâche qui leur est imposée. Dans le cas de la prière de foi et d'amour, ce n'est plus une tâche ou un devoir, mais une nécessité spirituelle afin de croître, de progresser et d'exprimer la santé et le bonheur. On peut voir la prière comme un retour, basé sur une attraction divine irrésistible, vers le siège de la miséricorde à l'intérieur de soi. La prière est la communion avec le Dieu en résidence, l'Esprit-Vivant Tout-Puissant, qui est la Réalité de chaque individu.

Un jour que Jésus priait, on a dit... *L'aspect de son visage se transforma, et son vêtement devint d'une blancheur éblouissante* (Luc 9 : 29). Dans un passage parallèle dans un autre des Évangiles, il est écrit : ... *Son visage devint brillant comme le soleil, et ses vêtements blancs comme la lumière* (Matt. 17 : 2). Jusqu'à un certain point, plusieurs personnes à travers le monde ont connu de telles transformations spirituelles.

Comment elle a connu une illumination

Quelques minutes avant d'écrire ce chapitre, j'étais en consultation avec une infirmière en psychiatrie. Celle-ci m'a raconté qu'alors qu'elle méditait sur le 23e psaume en compagnie d'un malade mental, tout son être fut inondé d'une lumière éclatante et que son Esprit fut plongé dans l'extase. Cette expérience transforma complètement sa vie et, aujourd'hui, elle étudie pour devenir un ministre des lois mentales et du fonctionnement de l'Esprit. Le malade a ressenti cette transfusion divine et fut complètement guéri d'une mentalité psychotique.

Dans leur communion mentale et spirituelle avec Dieu, plusieurs autres ont vécu une expérience semblable. Dieu est la Vie Infinie, et une relation aussi intime avec la source première de notre être nous influence et déverse sa plénitude, sa beauté et sa perfection sur notre être tout entier.

Le Saint des Saints

Vous pouvez prendre contact avec l'infini par l'entremise de votre pensée. Vous pouvez vous asseoir dans le calme et penser à Dieu comme étant amour sans borne, intelligence infinie, harmonie absolue, beauté indescriptible et joie absolue, puis réfléchir sur ces attributs et qualités. En faisant ceci, vous recevrez une transfusion de la grâce de Dieu et un rayonnement de lumière et d'amour. Ainsi, vous êtes le Saint des Saints : la Présence de Dieu en vous.

Toutes les croyances et liturgies, de même que les intercesseurs, disparaissent et vous connaissez une communion personnelle avec Dieu.

La prière de la foi

La Bible dit : ...*La prière de la foi sauvera le malade, et le Seigneur le rétablira...* (Jacq. 5 : 15). Il n'y a ni temps ni espace dans le cerveau ou dans l'Esprit. Une véritable prière pour une personne malade n'est pas une supplication ou des paroles fleuries que l'on adresse à Dieu, ni une série de phrases bien agencées, émises par des lèvres insensibles en direction du trône de Dieu, qui s'éteignent avant d'atteindre le but. La vraie prière pour une personne malade est de réclamer avec conviction et chaleur que le pouvoir grandissant, guérissant et renforcissant de la Présence Infinie de la guérison imprègne le malade et le rende complet et parfait. Sachez et ressentez que l'harmonie, la beauté et la vie de Dieu se manifestent en lui, ou en elle, sous forme de paix, de vitalité, d'intégralité et de perfection. Soyez convaincu que ceci se réalisera, et la condition du malade se dissoudra alors dans la lumière de l'amour de Dieu.

Paul dit : ... *Glorifiez donc Dieu dans votre corps...* (I Cor. 6 : 20). Assurez-vous que votre image mentale correspond à votre affirmation. Avec les yeux de votre esprit, vous voyez le malade rayonnant, heureux, joyeux et débordant de vie et d'amour. Ceci est la véritable prière. La vraie prière est de proclamer que ce qui est vrai pour Dieu est également vrai pour la personne que vous aidez.

Il est un type de prière qui ne s'exprime pas en paroles, car souvent la prière devient plus efficace selon son degré d'intimité. Il s'agit simplement de se tourner vers la Présence de Dieu en soi et d'ouvrir son cœur pour recevoir le flot de ses courants de Guérison et de son Amour divin. Lorsqu'elle est prononcée, la vraie prière rayonne d'amour et de Vie spirituelle. Voyez dans la prière un véhicule qui transporte le parfum divin de la Présence de Dieu en vous, et lorsque ce parfum flotte jusqu'à la personne malade, il contient une forte teneur de spiritualité vitalisante. Le subconscient de la personne malade est stimulé et renforcé et ressuscité par l'amour tout-puissant de Dieu. C'est alors que suit la guérison.

... La prière du juste, des qu'elle intervient, peut beaucoup (Jacq. 5 : 16). C'est en accord avec les lois de l'esprit, lois spirituelles rigides et invariables, que la prière sincère et ardente pour les malades les affecte et les aide à recouvrer la santé parfaite. Si quelqu'un se levait soudainement et marchait, ou se levait vers une vie nouvelle en réponse à la prière, il ne s'agirait pas d'un miracle ni d'une violation des lois de l'esprit.

Comment elle a prié pour son beau-frère

Une de mes vieilles amies de Pasadena, en Californie, pria pour son beau-frère qui avait fait une mauvaise chute et s'était fracturé le pelvis. Il fut transporté à l'hôpital mais, à cause de son âge, les médecins ne croyaient pas pouvoir grand-chose pour lui. Elle ordonna avec confiance et conviction que Dieu marche et parle par lui et que la guérison amoureuse de Dieu s'empare de son corps. Elle l'imagina debout devant elle en train de lui raconter sa guérison miraculeuse. Elle le voyait souriant et rayonnant. Elle pria ainsi à plusieurs reprises, encore et encore.

Dans peu de temps, il se leva de son lit, se promena dans l'hôpital, rentra chez lui et confirma objectivement ce que, subjectivement, elle avait imaginé et déclaré vrai dans le silence de son âme. C'était là, la véritable prière.

Les promesses de Dieu

On pourrait appeler les promesses de Dieu les lois de Dieu, qui sont toujours les mêmes, comme hier, aujourd'hui et toujours. Ces promesses n'appartiennent pas au passé qui est mort, mais au présent qui est vivant. L'existence de Dieu est un éternel présent. Dans l'esprit divin, le passé, le présent et le futur ne font qu'un. Toute l'existence est contenue dans le Moment divin, l'éternel Maintenant.

Parce que Dieu n'a pas de futur, la promesse de Dieu n'est pas un engagement de nous donner quelque chose dans un avenir lointain ; elle est basée sur notre acceptation de notre bien aujourd'hui, en ce moment présent.

Pensez aux transactions financières de tous les jours. Vous acceptez un chèque ou un billet de banque pour de l'argent et, pourtant, ce n'est pas de l'argent ; ce n'est qu'un morceau de papier. C'est une promesse de payer des dollars à demande. De la même manière, il y a la Promesse divine dont nous demandons les bienfaits. Warren Evans, le célèbre guérisseur et élève de Phineas Parkhurst Quimby, a dit : « Tout ce que nous espérons nous le possédons par la foi, car le futur et le passé existent maintenant ».

La Bible dit : ...*Car en lui nous vivons, nous nous mouvons, et nous avons l'être...* (Actes 17 : 28). Dieu est le Principe de Vie en nous et il est la source de notre santé, de notre paix et de tous les bienfaits de la vie. Voici la pensée inspirée de Charles Wesley :

> Tu es pour nous la fontaine de vie,
> Les eaux gonflées de joie ;
> Portés par toi, le cœur consentant,
> Nous nous tournons vite vers Dieu.

Vous êtes un médiateur

Il y a plusieurs praticiens, médecins, pasteurs et autres dont la présence entraîne des guérisons physiques ou mentales. Ils portent un pouvoir de Là-Haut et leur climat de guérison est véritablement contagieux. Ils donnent la preuve qu'ils sont une tour de force pour le faible et l'infirme, et les malades sont affectés par eux, de près ou de loin.

Comme le mot le sous-entend, le terme physicien évoque l'idée d'un médecin ou d'un professeur. Au sens plus élevé, le physicien est celui qui peut « traiter les esprits malades. » Au début de l'histoire de notre pays, il y eut des hommes comme le docteur Quimby, Warren Evans et autres, qui ont cherché dans les conditions mentales du malade, les repaires secrets des germes de la maladie. Aujourd'hui, nous pourrions les appeler clairvoyants, étant donné que, sans parler aux malades, ils pouvaient découvrir la source cachée d'une maladie sans que le malade ne dise un mot. Souvent, la guérison résidait dans l'explication.

Les anges vous protègent

Plusieurs personnes m'ont interrogé au sujet des anges. Le mot *ange* signifie l'angle sous lequel vous regardez Dieu. Il signifie aussi une attitude de l'esprit, une inspiration, ou un message de votre Moi Supérieur. La Bible dit : *Et un ange venant du ciel lui apparut, qui le réconfortait.* (Luc 22 : 43)... *Des anges s'approchaient et se mirent à le servir* (Matt. 4 : 11).

Nous sommes tous des anges de Dieu si nous examinons la situation d'une autre façon. Lorsque nous passons dans la prochaine dimension, nous sommes encore des anges, ou des expressions de Dieu, fonctionnant dans une atmosphère raréfiée et dans un corps diminué. Vos êtres chers sont tous autour de vous, séparés seulement par la fréquence. Le 91e Psaume * le dit sans équivoque : *Le malheur ne t'atteindra pas, le mal n'approchera pas de ta tente. Car il donnera des ordres à ses anges pour toi, afin qu'ils te gardent en toutes tes voies* (Ps. 91 : 10-11).

L'Infinie Présence répond à chaque personne selon la loi des rapports réciproques. Au sens le plus élevé du terme, la prière est le contact avec la Présence de Dieu en soi, dont la

---

* Voir *Songs of God : An Interpretation of My Favorite Psalms* par le docteur Joseph Murphy, De Vorss et Cie Inc., Marina del Rey, Ca., 1979.

nature est la réaction positive. À travers le monde, beaucoup de gens prient les saints et les anges. Dans leurs derniers moments, ils parlent le langage de Hamlet : « Anges et ministres, défendez-nous ! ».

Les saints sont les hommes et les femmes qui se sont consacrés aux vérités de Dieu, et qui pratiquent la Présence de Dieu. Autrement dit, ce sont toutes les personnes dont les pensées sont orientées vers Dieu et qui marchent sur les voies de la vertu. L'invocation des saints et des anges a été pratiquée par des millions de gens partout dans le monde. Ceux-ci sont des femmes et des hommes bons qui ont vécu en fonction de Dieu.

En Inde, un homme m'a dit un jour qu'il parlait aux saints hommes de la prochaine dimension comme à des êtres vivants, vivant dans un royaume supérieur de l'esprit, à savoir la quatrième dimension. Il demande leur aide, leurs prières et leur intercession auprès de Dieu. Il obtient des résultats grâce à sa foi et sa croyance. Que l'objet de votre foi soit vrai ou faux, vous obtiendrez des résultats, car il vous sera fait selon votre foi. Votre subconscient répond à votre confiance aveugle. Son esprit subconscient acceptait le fait que sa foi et sa confiance ainsi que sa croyance que les saints hommes lui répondraient et, naturellement, ses prières étaient entendues.

Partout dans le monde, des gens ont bénéficié de guérisons remarquables en invoquant des anges et des saints partis depuis longtemps. Mais, à bien y penser, ils ne sont allés nulle part. Ils sont tous autour de nous, évoluant dans une quatrième dimension, comme vos parents qui sont morts.

Tout ce qui est bon doit provenir de Dieu, la source première de tous les bienfaits. Des millions d'individus s'imaginent qu'il est tout à fait approprié de demander à des âmes consacrées dans la prochaine dimension de la vie, de les aider dans des moments critiques. Si le fait de demander de l'aide à un guérisseur spirituel, ou à un médecin dévoué, n'implique rien de répréhensible et ne prive pas Dieu du respect qui lui est dû, pourquoi serait-il impropre de demander de l'aide à ce même homme dévoué qui se trouve maintenant dans un royaume supérieur de l'esprit et habite un univers plus élevé? Toutes ces formes de prières obtiennent des résultats, aussi... *Si tu peux! Tout est possible à celui qui croit.* (Marc 9: 23).

Êtes-vous omniprésent?

Un Yogi à l'université Forest, Ashram de Rishikesh situé au pied des monts Himalaya, m'a dit que plusieurs personnes lui demandent s'il est possible, lorsqu'ils demandent de l'aide à ceux qui sont dans la prochaine dimension, que ceux-ci les entendent, ou sont-ils dans des terres différentes tandis que Dieu, seul, est omniprésent? Il leur répond que l'omniprésence n'est pas d'être présent dans 15 000 endroits à la fois. L'Esprit (Dieu) est hors des limites du temps et de l'espace. C'est la différence entre l'Esprit et la matière. Il ajouta que lorsqu'il parle, en Inde, devant des milliers d'auditeurs, il est présent pour chacun d'entre eux par l'entremise de la vue et du son. L'homme qui écrit un livre au sujet de ses pensées et croyances, est présent pour des millions de lecteurs à travers le monde, par l'entremise de son livre. En conséquence, disait-il, on peut facilement concevoir que ces saintes gens dans la prochaine dimension sont présentes par leurs pensées et leur amour, ce qui constitue l'essence de leur vie, pour un grand nombre d'individus dans plusieurs endroits à la fois, par l'entremise de la loi spirituelle.

Le vieil aphorisme dit : « Les saints sur la terre, et tous ceux qui sont morts, ne forment qu'une seule communion. » Il n'y a pas vraiment de séparation puisque, subjectivement, nous ne sommes qu'un. Le mot *humanité* signifie l'Un sous la forme de plusieurs.

Plus près de toi

C'est Dieu qui... *donne à tous la vie, le souffle et toutes choses* (Actes 17 : 25). Plus vous vous rapprochez de la Présence Infinie en vous, plus vous aurez la vie, l'amour et toutes bonnes choses. Vous obtiendrez toute la nourriture spirituelle dont vous avez besoin, au cœur de la vie et de l'Amour infinis.

Est-ce sage ?

Plusieurs remarquent avec assez de sagesse que l'invocation des saints et des anges, que l'on appelle les saints hommes qui vivent dans l'autre dimension, peut très bien être expliquée de la manière suivante : Un grain de poussière dans l'œil obscurcira et nous cachera le soleil dans les cieux. Il n'est ni sage ni prudent d'accorder aux saints et aux anges plus d'attention et de dévotion qu'à Dieu, la source de tout bienfait.

Cependant, je crois que toutes ces démarches sont bonnes car elles s'élèvent à des niveaux de conscience. À leur façon, elles dirigent vers la lumière.

Le saint patron

Plusieurs villes ont leur saint patron auquel on voue beaucoup de vénération et d'adoration. Ceux qui ne sont pas illuminés accordent plus d'attention aux saints et aux anges qu'à Dieu, le Père de tous. Les anciens dieux grecs et romains n'étaient que des hommes déifiés, comme l'affirme expressément Cicéron dans ses écrits. Ces dieux représentaient l'échelle dont plusieurs se servaient pour s'élever jusqu'au concept et la réalité du Dieu Suprême. Il ne faut pas oublier que, dans tous ces cas, les individus se tournent vers ce qu'ils croient être une puissance supérieure. À leur façon, ils recherchent une puissance supérieure.

La Bible dit : *Demandez et l'on vous donnera ; cherchez et vous trouverez ; frappez et l'on vous ouvrira. Car qui demande reçoit, qui cherche trouve, et qui frappe, on lui ouvre.* (Matt. 7: 7-8). La prière doit faire partie de tous les processus de guérison... *Priez les uns pour les autres, afin que vous soyez guéris* (Jacq. 5: 16).

Mais il faut que la prière soit toute imprégnée de foi et d'amour pour que la Présence de Dieu manifeste sa vitalité, son intégralité et sa perfection. Le temps et l'espace disparaissent devant le pouvoir de l'Esprit. Tous les individus sont inclus dans cette grande et unique unité de pur esprit (Dieu) et sont liés les uns aux autres, car Dieu est tout et dans tout.

Vous pouvez préparer un avenir glorieux

Le prophète Osée a dit quelque chose de merveilleux : « Portez vos pensées vers Dieu. » Ceci est une méthode simple et pratique, qui peut nous transformer si nous prenons l'habitude de la suivre. Nos pensées habituelles forment des sillons, ou impressions, au plus profond de nous-mêmes. L'Esprit, ou Principe de Vie, réagit et crée ce que nous avons tracé dans notre esprit subconscient. Dieu est pour nous ce que nous pensons de Lui.

J'ai dit à un homme d'affaires dont la santé et l'entreprise étaient chancelantes, qu'il devait cesser de bâtir une prison dans son esprit. Il me raconta qu'il n'avait pas d'imagination. Je lui ai expliqué que l'imagination était la première faculté de l'homme et que chacun avait de l'imagination et l'utilisait sans cesse, pour le bien ou pour le mal. Il devient et agit selon l'usage qu'il fait de son imagination.

Il avait construit une prison mentale en blâmant les autres pour ses difficultés : le gouvernement, sa parenté et ses associés. Cependant, il se rendit compte qu'il faisait la propagation de ses propres problèmes. Il se rendit responsable de sa vie et décida de porter ses pensées vers Dieu en lui. Il entreprit d'affirmer sans cesse : « Mes affaires sont les affaires de Dieu et, maintenant, Dieu me fait prospérer. Dieu me guide et me gouverne. Mon âme est remplie de la paix de Dieu. Dieu est mon patron et mon guide, et la guérison amoureuse de Dieu imprègne tout mon être. »

Il continua de se répéter ces vérités plusieurs fois par jour et, graduellement, il diminua les mille et une vexations et contestations qui rôdaient dans son esprit. Dans ses propres mots, il enleva le monde de son dos, avec ses nouvelles et ses crimes, et il n'éprouve plus de haine, de ressentiment, et il ne condamne plus ceux qui l'entourent. Il se prépare un avenir glorieux en portant ses pensées vers Dieu, comme le suggérait Osée il y a des milliers d'années.

Vous êtes le capitaine sur le pont

Le capitaine dirige le navire. Il ne se voit pas comme une victime de la mer ou à la merci des courants. Il comprend le principe de la navigation, il contrôle et dirige son destin tout en s'approchant de son but dans la vie. Il ne s'inquiète pas, ne se tracasse pas et ne se tourmente pas au sujet de la chance, du hasard ou des accidents. En tout temps, il planifie sa victoire.

Vous avez été créé pour gagner, triompher, conquérir. Vous ne devriez jamais vous arrêter sur l'échec, la perte, la pénurie ou les limitations de toutes sortes. Si vous le faites, vous bâtissez une prison dans votre esprit et, par conséquent, votre vie est limitée et circonscrite ; votre existence est en quelque sorte misérable. Vous avez été mis ici pour avancer et ne jamais reculer.

Napoléon disait que « l'imagination mène le monde. » Il devint un général célèbre et un merveilleux stratège. Il imagina la victoire et concentra son esprit exclusivement sur une issue triomphale ; c'est ainsi qu'il a conquis l'Europe.

Les historiens nous disent qu'avant la bataille de Waterloo, il prépara sa retraite au cas où il perdrait le combat et que la marée de la guerre se tournerait contre lui.

Il a dû retraiter car il avait déjà la retraite dans son esprit, et ce qu'il craignait le plus lui arriva, à la façon de Job il y a des milliers d'années.

La vie de Napoléon comporte cet autre aspect intéressant : il éprouvait beaucoup d'admiration et de respect pour tout homme qui avait un long nez. Il s'agissait d'une croyance superstitieuse. Selon toutes probabilités, cette croyance remontait à son enfance lorsqu'un membre de sa famille lui avait dit que les hommes au long nez possédaient certaines qualités surhumaines et de don divin d'une perspicacité et d'une sagesse extraordinaires. Il créa l'échec dans son propre esprit et en subit l'expérience ; en effet, Wellington, celui qui l'a vaincu, avait un nez très long.

... Toute autorité vient de Dieu et celles qui existent ont été établies par Dieu (Rom. 13 : 1).

L'âge n'est pas l'envol des années

Plusieurs personnes qui vivent ici, à Leisure World, Laguna Hills, ne se préoccupent pas des années. Bon nombre d'entre elles sont encore actives à 90 ans et plus. Non seulement s'engagent-elles dans toutes les activités récréatives, mais elles sont aussi très actives dans leurs domaines professionnels et contribuent grandement à la santé et aux activités culturelles de la région. Elles ne partagent pas l'idée que l'accumulation des ans engendre la surdité, la perte de la vue ou la dégénération physique. Elles savent que l'Esprit ne vieillit pas et ne meurt jamais.

Les statistiques sur la vieillesse publiées par les compagnies d'assurance ne font mention d'aucune loi de la vie. Elles se rapportent à la croyance générale de la masse. Elles sont établies selon certaines règles, mais l'exception prouve la règle. Les règles faites par les hommes ne sont pas des lois de la vie. Quand vous voyez des personnes âgées de 90 à 95 ans conduire leur automobile sans lunettes ni appareil auditif, ceci prouve que l'homme transcendant réside dans chacun de nous.

C'est un prodige de la médecine

L'article suivant a été publié dans le *National Enquirer*, le 31 juillet 1979 :

UN PRODIGE DE LA MÉDECINE
UN HOMME DE 160 ANS QUI TRAVAILLE ENCORE ET FUME JUSQU'À 100 CIGARETTES PAR JOUR

À 160 ans, Manoel de Moura, du Brésil, pourrait fort bien être le plus vieil homme au monde.

Alors que plusieurs prétentions extravagantes ont été démenties ces dernières années, Manoel a non seulement son certificat de naissance pour prouver son âge, mais aussi le témoignage de personnes qui sont très âgées aujourd'hui et qui se souviennent qu'il était un vieillard alors qu'elles-mêmes étaient encore des enfants !

« Quand j'étais un petit garçon, Manoel était déjà un homme âgé, approchant de la centaine, » raconte Teodoro Boskow, anciennement pro-maire de la ville de Cerrito Alegre, qui a aujourd'hui plus de 80 ans. « Il n'a pas changé depuis 70 ans sauf qu'il a le dos un peu courbé maintenant. »

Modesta Lemos, 70 ans, a déclaré à l'ENQUIRER : « Quand j'ai commencé l'école, Manoel était un homme très âgé avec la même barbe et les mêmes cheveux blancs. »

Le mystère de l'âge extrêmement avancé de Manoel est encore plus profond à cause du fait qu'un médecin local, le seul que Manoel n'ait jamais consulté, ne peut lui découvrir aucune maladie.

« Je n'ai jamais rien vu d'aussi incroyable, non seulement au cours de ma carrière médicale, mais aussi dans toute ma vie, » de dire l'omnipatricien Francisco Luz.

« La santé de cet homme de 160 ans et un phénomène paranormal. Sa tension artérielle est normale et son cœur bat exactement comme celui d'un homme de 20 ans. La médecine ne peut expliquer sa longévité... »

Le certificat de naissance de Manoel dit qu'il est né le 25 mars 1819, dans une municipalité rurale du Brésil. Ce document fait foi de tout.

« L'âge de Manoel ne fait aucun doute, » de conclure Theofilo Salameo, conseiller municipal de la ville de Pelotas. « Le certificat de naissance lui a été donné par l'état de Rio Grande Do Sul, de la République fédérale du Brésil. »

Manoel a passé la plus grande partie de sa vie à travailler sur la ferme et attribue son état de santé remarquable à une vie simple.

« La clé de ma survie est la terre, » a-t-il déclaré à l'ENQUIRER. « J'ai passé ma vie toute entière à travailler la terre, à cultiver. Je ne suis allé au cinéma qu'une seule fois. J'ai regardé la télévision une fois, mais je n'ai pas compris ce qui se passait.

« Je ne possède rien et je n'ai pas d'inquiétude, non plus. »

Pour ajouter au mystère de sa solide condition physique, Manoel fume une cigarette après l'autre.

Je pourrais fumer toute la journée si j'avais assez de cigarettes, » dit-il. « Habituellement, je fume entre 80 et 100 cigarettes par jour ».

En retour pour son travail, Manoel est logé et nourri par son employeur, Ary Lemos.

« Je n'ai jamais eu d'aussi bons travailleurs que Manoel. La plupart des garçons d'ici sont paresseux, mais Manoel est un employé dévoué.

« Il coupe du bois, sarcle la terre, sème, nettoie les champs. Sa vue est parfaite : il enfile une aiguille du premier coup. »

Le gouvernement du Brésil a finalement accordé à Manoel une pension de retraite de 25 $ par mois jusqu'à sa mort.

Mais le vieil homme n'est pas impressionné par l'argent. Il n'a pas de parents vivants et n'a jamais été marié.

« Mon plus grand plaisir dans la vie, » dit-il en souriant, « c'est une bonne tasse de café chaud et une cigarette. »

— par Michael J. HOY

Sa religion était son problème

J'ai reçu la visite d'une jeune femme d'environ 22 ans. Elle se disait très religieuse. Elle ne dansait pas, ne jouait pas aux cartes, ne buvait pas de vin, n'allait pas au cinéma et n'était fréquentée par aucun homme. Elle allait à l'église tous les matins et se conformait à tous les règlements et principes de sa religion.

Son médecin lui avait dit qu'elle souffrait de névrose d'angoisse. Elle prenait des tranquillisants et des médicaments pour faire baisser sa pression artérielle. Elle était en colère contre Dieu parce qu'il l'affligeait de tous ces maux.

Je lui ai expliqué que la vraie religion est celle du cœur, non pas celle des lèvres, et que même si elle était conventionnellement bonne en suivant toutes les règles, les rites et les cérémonies de sa secte religieuse, sa fausse conception de Dieu et sa croyance grotesque que Dieu la punissait étaient la cause de toutes ses difficultés mentales et émotives.

Elle finit par se rendre compte qu'elle était son propre persécuteur et bourreau. Je lui citai ce vieil aphorisme : « C'est en se découvrant soi-même que l'on perd sa misère. »

Elle découvrit que ses pensées négatives avaient été la cause de tous ses problèmes et que la guérison se trouvait dans l'explication. Elle décida de prendre l'habitude de penser juste, de se sentir et d'agir bien, selon les principes universels et les vérités éternelles.

Ne pensez plus aux choses passées, ne prenez plus en considération ce qui est ancien (Isaie 43 : 18)...*Voici je fais toutes choses nouvelles...* (Apoc. 21 : 5)

COMMENT ACQUÉRIR LA SPIRITUALITÉ

Notes personnelles :

_____

_____
_____

_____

_____

_____

_____

_____

_____

_____

Plusieurs personnes n'ont qu'une vague idée de ce qu'être spirituel signifie. À cause de leurs croyances, plusieurs confondent la spiritualité avec la pratique de certains rituels, dévotions et cérémonies. De quoi s'agit-il lorsqu'on parle de devenir spirituel ? Que faut-il faire pour le devenir ? Voici des questions de grande importance pour tous, hommes et femmes.

Vous aurez l'esprit spirituel lorsque vous déciderez d'entretenir des pensées divines ; c'est-à-dire, penser selon les vérités éternelles et les principes de vie, qui sont les mêmes aujourd'hui, comme hier et toujours. Votre esprit subconscient est le siège des habitudes et, si vous continuez d'avoir des pensées divines, vous développerez une très bonne habitude et des choses merveilleuses se produiront dans votre vie.

La Bible dit : *Cessez de juger sur l'apparence*. Jugez avec équité : (Jean 7 : 24). Juger c'est séparer ce qui est faux de ce qui est vrai. Autrement dit, vous décidez dans votre esprit la vérité ou la fausseté de toute pensée. Affirmer le bon et le vrai constitue un jugement vertueux et sème la paix et l'harmonie dans votre vie.

Quand un homme est malade ou infirme, vous ne niez pas ce que perçoivent vos sens, mais vous avez recours à la Présence Infinie de la guérison en vous et, pour cet homme, vous revendiquez l'intégralité, la vitalité et la perfection. Vous le voyez comme il devrait être : heureux, joyeux et libre. Votre interprétation de ce que vous disent vos cinq sens peut être erronée. Vérifiez votre interprétation de ce que vous rapportent vos sens.

Plusieurs personnes pensent que pour avoir l'esprit spirituel, il leur faut s'adonner à des mortifications d'ascète qui, en réalité, n'ont aucune valeur. En effet, pour évoluer spirituellement, vous commencez par l'intérieur, non pas par l'extérieur. Au fur et à mesure que vous spiritualisez votre vie mentale, votre corps se fondra comme par magie à l'image et à la ressemblance de votre contemplation.

Vous pouvez vous élever

Et moi, élevé de terre, j'attirerai tous les hommes à moi (Jean 12 : 32). Élevez votre conception de Dieu et réalisez que le Saint des Saints est à l'intérieur de vous-même. Alors que vous vous attardez sur les attributs et les qualités de Dieu en vous, votre puissance spirituelle et votre force psychologique grandissent. Plus nous connaissons Dieu, plus nous lui ressemblons, et nous accepterons l'œuvre de Dieu dans la même mesure.

Déclarez fréquemment : « Je loue Dieu en moi, ainsi que sa puissance de guérison et de restauration. Je suis illuminé de Là-Haut. » Prenez cette habitude et vous vous sentirez élevé et inspiré pour accomplir de grandes choses. Prenez soin de ne pas nier plus tard ce que vous affirmez.

Commencez à croire

Étymologiquement, la croyance et la vie sont la même chose. Croire c'est vivre. Croire est un mouvement de notre vie intérieure vers la réalisation de notre désir. En d'autres mots, mettez de la vie et de l'amour dans votre idéal, votre but ou votre désir. Contemplez sa réalisation et voyez l'heureux dénouement.

Si vous croyez que vous êtes sur la voie de la guérison ou de la prospérité, le courant de la Vie Universelle s'engagera alors dans cette direction. Croyez dans les vérités de l'Esprit plutôt qu'au témoignage de vos cinq sens. C'est là le salut dans toute la signification du mot.

La signification du sang de l'agneau

Dans les temps anciens, les mystiques ont exprimé et conservé les plus grandes vérités sous le couvert de symboles appropriés. Dans le zodiaque, qui signifie le cercle ou cycle de vie, celui qui vient en premier lieu est le Bélier, l'Agneau. Le soleil traverse l'équateur le 21 mars, ce qui s'appelle l'entrée du Bélier, et on dit qu'il verse son sang (rayons et chaleur actinique) sur la Pâque (pendant qu'il passe au-dessus). Tous les grains de semence qui sont gelés dans la terre sont ranimés et sauvés de l'inanition. Ensuite, c'est la regénération de toute vie dans les latitudes du Nord.

Symboliquement, vous verseriez votre sang pour votre mère malade, en versant de la vie et de l'amour dans l'idée de plénitude, de vitalité et de perfection que vous avez à son égard, et en l'imaginant saine, remplie de vie et de force. Vous lui donnez la vérité vivante de l'Esprit, ce qui signifie verser votre sang, en langage symbolique. Sang signifie vie. Dans ce sang, qui est versé perpétuellement pour plusieurs malades à travers le monde, nous lavons nos vêtements et les blanchissons.

Vous pouvez prier pour un alcoolique ou quelqu'un d'autre qui souffre d'une autre maladie spécifique et le malade peut se sentir mieux; mais vous devez aussi lui montrer la cause de son problème et lui enseigner à prier. Autrement, il pourrait avoir une rechute. Négliger ceci serait en quelque sorte semblable à un sapeur-pompier qui se précipite dans un édifice en flammes pour sauver un homme coincé mais ne s'empare que de ses vêtements, laissant l'homme derrière lui.

La plus haute fonction d'un guérisseur est d'agir comme médecin ou professeur. Anciennement, le médecin était un homme qui instruisait les autres au sujet de la Divinité en eux, ce qui les rendait capables de se lever, de surmonter leurs appétits et leurs passions et d'aller de l'avant, vers le haut et vers Dieu.

Les anciens mystiques disaient : « Toi qui cherches et ne trouves rien en toi, tu ne trouveras jamais ce que tu cherches hors de toi ». Quand vous priez pour un invalide, vous êtes mentalement à l'écoute de la Présence Infinie de la Guérison en vous. Étant donné qu'il n'y a ni temps, ni espace dans l'Esprit Infini, vous pouvez accélérer le procédé de guérison chez l'invalide.

Le prix à payer

Le prix à payer pour le développement spirituel est fait d'attention, de reconnaissance et de dévotion envers les vérités éternelles de la vie. Vous payez avec la monnaie spirituelle et mentale. Les pique-assiette ne sont pas admis et l'attention est la clé de la vie. Au fur et à mesure que vous absorbez et digérez mentalement de plus en plus de sagesse, de vérité et de beauté, vous serez en mesure de transmettre aux autres le message de la guérison.

Vous ne pouvez donner ce que vous n'avez pas; par conséquent, ... *recherchez d'abord le Royaume et sa justice (pensée juste), et tout cela vous sera donné par surcroît* (Matt. 6 : 33). Dans la Bible, l'or et l'argent sont les symboles de la beauté et de la vérité célestes. Quand vous vous tournez vers la Source de tous les bienfaits, vous reconnaissez votre héritage éternel et vous ne manquerez jamais de bonnes choses.

Le docteur Warren Évans écrivait en 1884 :

> Pense juste, et tes pensées
> Nourriront la famine du monde ;
> Parle juste, et chacune de tes paroles
> Sera une semence féconde ;
> Vis dans la vérité, et ta vie sera
> Un grand et noble Credo.

Pourquoi il était déçu

Je parlais dernièrement avec un homme qui venait de se voir aux prises avec un grave problème financier. Il avait besoin d'un prêt bancaire pour le dépanner pendant quelques mois, on le lui refusa à cause de restrictions récentes. Il était très anxieux et tendu. Il comprenait aussi que ces émotions négatives lui apporteraient le contraire de ce qu'il demandait dans ses prières.

Je lui ai suggéré de s'adresser à la Source de tous les bienfaits, à savoir l'Esprit Infini en lui, et d'enjoindre aux grandes vérités éternelles de lui apporter le repos et la paix d'esprit. Je lui ai suggéré de détacher son esprit du problème et d'assumer un attitude de divine indifférence, ce qui revient à dire qu'il était impossible que sa prière ne soit pas exaucée. L'Intelligence Infinie ne connaît que des réponses.

Je lui ai aussi suggéré qu'il se répète les vérités suivantes, qui sont vieilles comme le monde, en se rendant compte que lorsqu'il aurait la paix d'esprit, la réponse viendrait. En conséquence, il médita plusieurs fois par jour sur les passages suivants des Écritures, et lorsqu'il pensait à la peur, il se mettait immédiatement à réciter en lui-même l'un des versets suivants :

— Mon Dieu comblera tous vos besoins selon sa richesse, avec magnificence... (Ph. 4 : 19)

— *Dans le calme et la confiance sera votre force...* (Isaïe 30 : 15).

— *Dieu qui nous pourvoit largement de tout, afin que nous en jouissions* (I Tim. 6 : 1).

— *... Mais avec Dieu toutes choses sont possibles* (Matt. 19 : 26).

— *... Avant même qu'ils appellent je leur répondrai ; ils parleront encore qu'ils seront déjà exaucés* (Isaïe 65 : 24).

— *Qu'il vous advienne selon votre foi* (Matt. 9 : 29).

— *Si tu peux, tout est possible à celui qui croit* (Marc 9 : 23).

— *Il m'appelle et je lui réponds : Je suis près de lui dans la détresse ; je le délivre et je le glorifie* (Ps. 91 : 15).

— *Toutes choses sont prêtes lorsque l'esprit est prêt* (Shakespeare).

— *Je lève les yeux vers les monts, d'où viendra mon secours* (Ps 121 : 1).

Il resta fidèle à sa méditation et un de ses clients, à qui il avait parlé de sa situation difficile, vint le voir et lui prêta généreusement beaucoup plus d'argent qu'il n'en avait besoin. Son problème était résolu. Quand il eut affiché une divine Indifférence envers les résultats, la solution lui fut donnée. Grâce à la fréquente contemplation de ces énoncés de la Loi de la Vie, il réussit à mettre l'équilibre et la paix dans son esprit.

Voici ce qu'en dit le Psalmiste : (...) *Mais dont tout le plaisir est dans la loi du Seigneur, qui la médite jour et nuit.* (Ps. 1 : 2). En réfléchissant sur ces grandes vérités, vous produisez le calme et la réceptivité dans votre esprit, et, alors, vous matérialisez la réponse plus rapidement.

Comment il a vaincu le découragement

Un jeune collégien est venu me voir pour me dire que sa fiancée, qu'il devait épouser bientôt, avait perdu la vie dernièrement dans un accident d'avion. Il était en train de rater ses études, il était déprimé, abattu et souffrait de mélancolie. Il prenait alors des tranquillisants mais quand l'effet était passé, il n'était pas plus avancé qu'avant.

Je lui ai suggéré qu'il ne devrait pas permettre à ces émotions négatives de se coaguler et de se cristalliser dans son esprit subconscient, ce qui causerait un complexe subconscient très négatif dont les résultats seraient néfastes. Je lui ai raconté qu'un automobiliste expert, ici à Leisure World, avait eu un accident en roulant à 90 milles à l'heure. Il n'avait pas été gravement blessé et pendant que le camion du Club Automobile remorquait son véhicule, il sauta tout de suite dans un taxi et se promena pendant une heure ou plus, environ. Il ne voulait pas que cette expérience forme une image négative dans son subconscient. Il ne voulait pas acquérir un complexe de crainte.

Le jeune homme commença à se rendre compte qu'éventuellement chacun doit passer dans la prochaine dimension et que sa tristesse et son découragement n'aidaient pas sa bien-aimée dans cette autre dimension de la vie mais, qu'en réalité, elle s'en trouvait retardée. Il décida de se libérer et de la laisser aller en affirmant chaque fois qu'il pensait à elle : « Que Dieu te donne la paix et l'harmonie ».

Ensuite, il réorienta sa pensée vers ses études et commença à mettre son esprit à l'écoute de la Puissance et la Présence infinies, en réfléchissant souvent sur l'Aide divine, la paix et l'harmonie. De cette façon, ses émotions négatives se sont dissoutes dans la lumière de l'Amour divin.

Le Prince de ce monde

... Car le Prince de ce monde vient ; contre moi il ne peut rien (Jean 14 : 30). Une jeune étudiante d'une université

locale qui avait lu plusieurs de mes livres, y compris
« Songs of God * », m'a raconté qu'elle avait appartenu à
une certaine secte religieuse, mais qu'elle avait laissé
tomber cette association depuis car tout n'y était que
superstitions et balivernes. Les trois autres membres lui
avaient dit qu'ils lui enverraient des malédictions et qu'elle
souffrirait.

Elle savait que le prince du monde est la peur et que
leur intention était de provoquer la peur et la terreur dans
son esprit par une forme de suggestion hypnotique. Elle lut
le sens profond du 91e Psaume et s'en rappela plusieurs
passages au cours de la journée. Chaque fois qu'elle se
souvenait de leur menace, elle affirmait immédiatement :
« Dieu m'aime et prend soin de moi. »

Elle savait que si elle ne pouvait donner de la haine, elle
ne pouvait en recevoir. Elle se contenta de s'en aller en leur
souhaitant du bien et en se moquant de leurs prédictions,
sachant fort bien qu'il s'agissait de suggestions négatives
qu'elle refusait d'accepter. Naturellement, les pensées négatives de ses anciens amis firent boomerang et se retour-
nèrent contre eux. Elle m'a raconté que, par la suite, ils se
tuèrent tous trois dans un accident d'automobile.

Le prince du monde (la peur) était venu chez elle et n'y
avait rien trouvé pour correspondre à cette peur. Elle
connaissait la Loi de la Vie. Sur un trône dans son esprit,
elle avait placé la paix, l'harmonie, la bonne action et
l'Amour divin. Les vérités du 91e Psaume avaient pénétré
son subconscient et elle marchait avec Dieu, trouvant de
l'agrément et les sentiers tranquilles.

Comment traiter la peur

Il peut être vrai de dire que chacun rencontre la peur un
jour, quelque part et d'une manière quelconque. Je me

---

* Voir *Songs of God* par le docteur Joseph Mruphy, De Vorss and Compagny
   Inc., Marina del Rey, Californie, 1979.

souviens qu'il y a plusieurs années, alors que je survolais le Pôle Nord en route vers la Suède et la Norvège, nous avions rencontré une tempête importante. Tous les passagers avaient été terrifiés. Quelque-uns d'entre nous s'étaient mis à réciter le 91ᵉ Psaume à haute voix, ce qui les avait calmés dans une certaine mesure. Ils avaient peur de la mort et de la destruction. C'était la seule façon de traiter cette peur de groupe qui s'était emparée de chacun de nous.

La peur est contagieuse. L'amour aussi est contagieux. Chacun de nous doit comprendre que nulle influence ou suggestion du monde extérieur ne peut nous affecter à moins de trouver quelque chose en nous qui lui ressemble. Cette fille dont nous avons parlé plus haut et que l'on voit menacée d'un malheur vaudou, avait rejeté leur suggestion car elle savait qu'elle n'en serait pas affectée à moins d'y consentir ; ce ne serait alors que le fait de son propre esprit. Cette suggestion n'avait pas trouvé de place ni d'acception ; par conséquent, elle ne pouvait agir et ses forces se dissipèrent.

Lorsque vous continuez de grandir spirituellement en absorbant et en vous imprégnant des grandes vérités de la vie, vous serez convaincu de la vérité de ce que le Psalmiste disait : *Qu'il en tombe mille à tes côtés, et dix mille à ta droite, toi, tu demeures hors d'atteinte* (Ps. 91 : 7). Dans les versets 9 et 10 du même Psaume * nous lisons : *Toi, qui dis, Seigneur mon abri ! Et qui fais du Très-Haut ton refuge. Le malheur ne peut fondre sur toi, ni la plaie approcher de ta tente.*

Voici une promesse très belle et très définie. Elle souligne que vous serez toujours protégé, dirigé et surveillé par le charme de l'amour de Dieu. En réfléchissant souvent sur le fait que Dieu vous aime et prend soin de vous, vous guide et vous dirige, vous faites du Très-Haut votre demeure. Parce que vous vous rappelez sans cesse que

---

* Voir *Songs of God* par le docteur Joseph Murphy, De Vorss and Company Inc., Marina del Rey, California, 1979.

l'amour de Dieu vous entoure, vous étreint et vous enveloppe, vous êtes toujours plongé dans la Sainte Omniprésence, à l'abri de tout problème.

Il existe une manière plus facile

Dernièrement, après une conférence du dimanche, un homme d'affaires me disait : « J'ai passé mes jeunes années à travailler dur pour saisir les bonnes choses de la vie. Je cherchais toujours à joindre les deux bouts. Je voulais plus d'argent, une maison, une automobile et un entourage agréable. »

Il avait cherché de l'aide auprès d'une conseillère spirituelle et celle-ci lui avait dit qu'il essayait trop fort. Elle lui enseigna à s'adresser à la Source de toute bonté, la Présence de Dieu en lui, et de réclamer la paix, l'harmonie, la bonne action, la beauté et l'abondance. Elle lui dit que Dieu coulait en lui et remplissait tous les vaisseaux vides de sa vie.

Il continua le long de ce sentier spirituel et toutes les choses qu'il avait cherchées lui furent données. Sa foi et sa confiance dans la Présence Infinie en lui se traduisirent par la santé, la richesse, l'expression juste ainsi que par l'abondance financière. Il cessa d'essayer aussi fort, de quémander et de solliciter les bienfaits de la vie qui ont été accordés à tous depuis l'aube des temps.

Shakespeare a dit : « Que toutes choses soient prêtes lorsque l'esprit l'est. » Ayez l'esprit ouvert pour rececoir ; apprenez à bien recevoir. Dieu s'est donné lui-même à vous et vous a donné le monde entier. Ainsi, il est idiot et stupide d'implorer l'Infini de faire quelque chose pour nous, car il est écrit... *Avant même qu'ils appellent je leur répondrai ; ils parleront encore qu'ils seront déjà exaucés* (Isaïe 65 : 24). Peu importe la nature de votre problème, la solution est là, même avant que vous ne le demandiez.

Aujourd'hui, la meilleure médecine spirituelle est de faire connaissance avec l'Esprit en vous et réclamer ensuite la paix, l'harmonie et la foi et l'Ordre divin dans notre vie. Réfléchissez longuement sur la loi divine suivante : « JE SUIS ce que je contemple ». Contemplez ce qui est bon, aimable, noble et à la ressemblance de Dieu, et laissez des merveilles s'accomplir dans notre vie.

Les secrets de la vie

L'autre soir, j'écoutais parler une psychologue. Entre autres choses, elle disait que l'homme a perfectionné le rayon laser, grâce auquel il pouvait maintenant détruire des missiles dans l'espace. Elle parlait aussi de ses nombreuses autres applications dans les domaines de la médecine, de l'aviation et de la guerre. Elle disait que nous avons fissionné l'atome et déchiffré le code génétique ADN qui détermine la couleur de notre peau, de nos yeux, et notre physionomie générale. Nous avons isolé la plupart des hormones que secrète habituellement notre système glandulaire et qui assurent notre équilibre physique.

Malgré toutes ces connaissances, remarquait-elle, nous n'avons pas encore appris à vivre dans la paix et l'harmonie. La réponse à tout ceci est simple ; elle nous a été donnée par un mystique de l'antiquité qui a dit : « Quand l'homme se découvre lui-même, il sort de sa misère. » Le moi en vous est Dieu. La Bible dit : *Renoue donc amitié avec lui et fais la paix...* (Job 22 : 21).

La réponse au destin et aux ténèbres

De nos jours, un grand nombre de prophètes nous prédisent toutes sortes de désastres, inspirant ainsi la crainte et l'incertitude dans l'esprit de millions de gens. Il m'arrive souvent de donner des conseils à des personnes qui sont moroses, morbides, renfrognées et de mauvaise humeur. Elles ont peur de la vieillesse, des armes nucléaires, de l'insécurité et de l'avenir, et plusieurs vivent dans la crainte de la mort.

La Bible dit:... *Dieu ne nous a pas donné un esprit de crainte, mais de force, d'amour, de modération* (11 Tim. 1: 7). En vérité, il nous arrive à tous d'éprouver une peur quelconque. Lorsque vous entendez le son d'un klaxon en marchant le long de la route, vous vous écoutez et la peur passagère se traduit par un désir de vivre qui vous libère.

Plusieurs écoutent les nouvelles et lisent des magazines et des journaux qui prédisent une guerre nucléaire, la fin du monde, des tremblements de terre, etc. Alors qu'ils s'attardent sur ces prédictions, ils sont saisis d'une sorte de peur paralysante.

Je leur suggère d'élever ces craintes à la lumière de la raison, de les examiner et de constater que la plupart de ces prédictions ne se réalisent jamais, mais proviennent de l'esprit fétide d'un prophète de malheurs. Dans son épître aux Corinthiens, Paul remarque... *Qu'il s'agisse de prophéties, elles seront abolies* (1 Cor. 13: 8).

Au fond, toute cette crainte anormale est attribuable au sens fondamental d'insécurité d'un homme qui ne s'est pas aligné sur La Puissance et la Présence infinies. Lorsqu'il s'unit avec cette source — le Principe de Vie qui est tout-puissant, toute-sagesse et qui ne connaît pas d'opposition — il découvre une action de réflexe et sa crainte anormale s'envole graduellement.

On l'appelait le Roc de Gilbraltar

Une secrétaire m'a dit un jour que le directeur de son bureau était très dominateur, arrogant, vantard, et traitait les vendeurs et les employées de bureau de façon plutôt mesquine. Son esprit était dépourvu de toute simplicité et ses conversations étaient ampoulées. Sa langue était d'une cruelle acerbité.

Le Directeur général était venu au bureau et s'était rendu compte que quelque chose n'allait pas. Il avait servi une légère réprimande au directeur et, cet homme qui avait semblé si solide, insensible et confiant, s'écroula et pleura comme un petit enfant. Il a dû se faire administrer un calmant par un médecin. En réalité, son comportement extérieur et son apparente confiance, n'étaient que le déguisement d'un grand sentiment d'insécurité, de sa médiocrité et d'un profond complexe d'infériorité.

Un homme muni de foi et de confiance dans les Pouvoirs de l'Infini, et de respect de soi, supporte facilement un peu de critique. Même que cette critique stimule la confiance qu'il a envers lui-même. Pour devenir un vrai chef, il faut prendre charge de la collection hétéroclite des pensées de votre esprit, et ne s'attarder que sur ce qui est vrai, honnête, aimable, noble et à la ressemblance de Dieu.

Ce directeur avait une fausse opinion de lui-même et pensait la dissimuler en bluffant et en faisant le fanfaron. Jouer au tyran, tempêter et rager sont des signes certains d'un profond sentiment d'insécurité. Le bravache est vide et un prétentieux vantard. Souvenez-vous que les fanfaronnades de Mussolini et la mégalomanie de Hitler entraînèrent leur chute.

Ne vous comparez pas aux autres

Dieu ne se répète jamais. Vous êtes unique et personne au monde ne vous ressemble. Plusieurs hommes et femmes qui étaient timides, réservés et craintifs sont venus me demander conseil et je leur ai toujours parlé des grandes ressources en eux qui ne demandaient qu'à se manifester, être ranimées et exploitées. Je leur ai expliqué que lorsque la peur s'empare de leur esprit, c'est un signe qu'ils doivent faire appel aux réserves divines en eux afin d'être capables de surmonter la peur.

Alors qu'ils se livrent à la pratique d'avoir recours à la Présence de Dieu pour recevoir de l'aide, de la force et de la sagesse, ils s'élèvent au-dessus de leur sentiment de médiocrité et vont de l'avant quand les autres abandonnent. Un homme qui était né dans la pauvreté m'a dit qu'il était devenu président de sa compagnie à cause de son énorme désir de vaincre la pauvreté et de réaliser son idéal dans la vie. Ses lacunes le poussèrent à progresser et agirent comme un puissant stimulant alors qu'il s'élevait dans l'échelle de la vie.

Plusieurs femmes aux prises avec un complexe d'infériorité m'ont dit que leur sentiment d'insécurité, de médiocrité et d'infériorité avait été la force motrice qui leur a permis d'exceller, de progresser et de s'élever dans l'échelle de la vie. Voici la formule que j'ai suggérée à plusieurs femmes : se tenir devant un miroir tous les matins pendant cinq ou dix minutes et affirmer à haute voix : « JE SUIS une fille de l'Infini. JE SUIS un enfant de l'éternité. Dieu est mon père et Dieu m'aime ».

Alors qu'elles récitent cette prière tous les matins, fidèlement, elles pénètrent leur esprit subconscient graduellement par un processus d'osmose mentale et spirituelle. Une fois que leur esprit en est profondément imprégné, cette nouvelle opinion d'elles-mêmes se manifeste et transforme leur vie complètement. La loi dit : Tout s'exprime, qui s'imprime dans le subconscient.

Il voulait devenir pasteur

Il y a deux ans, un homme qui écoute mon émission radiophonique m'a demandé comment il pouvait devenir pasteur de la Science Divine. Je lui ai conseillé de se rendre auprès du docteur Margaret Stevens, église de Santa Anita, Arcadia. Elle y dirige un merveilleux collège sacerdotal d'où sont sortis déjà plusieurs diplômés, hommes et femmes. Les enseignants sont le professeur Holland, le professeur Bach, le docteur Stevens et plusieurs grands professeurs de métaphysique.

J'ai revu ce jeune homme dimanche dernier et il parle toujours de devenir ministre du culte car, selon lui, c'est tout ce qu'il veut vraiment ; cependant il n'a rien fait pour atteindre son but. Il ne s'est pas rendu au collège pour se renseigner ou s'inscrire. Autrement dit, il n'a fait aucune démarche pour réaliser son plus cher désir. Il n'a fait aucun effort.

Plusieurs personnes sont comme lui. Elles disent : « Je dois apprendre l'espagnol, ou l'allemand, car c'est très important pour nos affaires, » pourtant, elles ont eu amplement l'occasion d'apprendre ces langues mais n'ont rien fait. Elles ne font que rêver.

Je connais un homme qui, depuis dix ans, parle d'écrire un livre sur les expériences extraordinaires qu'il a vécues à la guerre. À plusieurs reprises, je lui ai suggéré que tout ce qu'il devait faire était de s'asseoir et d'écrire, et de ne pas attendre que Dieu écrive. S'il commence, Dieu commence aussi.

Vous êtes ici pour vivre glorieusement votre vie, donc, arrêtez de rêver. Vous êtes ici pour donner vos talents au monde et d'en faire un meilleur endroit où vivre. Cet auteur en puissance recule et fuit l'effort nécessaire pour s'épanouir et s'exprimer d'une manière merveilleuse. Nous devrions tous écouter l'avertissement de l'ancien philosophe grec qui a dit : « La seule étude appropriée à l'homme est l'étude de l'homme lui-même. »

La loi de la cause à effet

Une autre façon d'expliquer la loi de cause à effet est de dire que vous êtes l'expression de la foi. Tout ce que votre esprit conscient croit véritablement se manifestera grâce à votre subconscient.

Dernièrement, je suis allé dans une institution financière et le premier commis m'a annoncé que l'entreprise était au bord de la faillite. Il m'a raconté que le propriétaire menait en quelque sorte une double vie. Il avait une maîtresse, il était en instance de divorce et se montrait intransigeant envers les commis du magasin. Il changeait constamment de personnel car ses employés s'indignaient d'être maltraités.

Émerson a dit que chaque institution est l'ombrage de son maître. En réalité, son échec en affaire était sa faillite totale dans l'art de vivre avec succès et harmonie. Son sentiment profond de culpabilité, sa crainte et ses conflits intérieurs, ainsi que son ressentiment envers sa femme et les autres en étaient la cause, et non pas son entreprise. Le succès dépend de ce que vous ressentez à l'intérieur. L'intérieur contrôle l'extérieur. Le dedans est comme le dehors.

Un meilleur avenir

... Dieu ne nous a pas donné un esprit de crainte, mais de force, de modération (11 Tim. 1 : 7).

Chaque jour est un temps de renouveau, de renaissance et de réapparition. La nature tout entière proclame la gloire d'un nouveau jour. Ceci a pour but de nous rappeler que nous devons réveiller le Dieu en nous, nous sortir de notre longue hibernation restreignante et aller de l'avant dans le matin d'un jour nouveau et d'une vie nouvelle. La peur, l'ignorance et la superstition doivent mourir en nous, et nous devons ranimer la foi, la confiance, l'amour et la bonne volonté.

Recevez dès maintenant cette transfusion de la grâce et de l'amour de Dieu : « Je suis rempli de la libre affluence de la vie purifiante, apaisante, harmonieuse et vitalisante de l'Esprit-Saint. Mon corps est le temple du Dieu vivant et il est pur, entier et parfait dans toutes ses parties. Chaque fonction de mon esprit et de mon corps est contrôlée et gouvernée par la Sagesse divine et l'Ordre divin.

« Je crois maintenant en un avenir glorieux. Je vis dans l'attente joyeuse de ce qu'il y a de meilleur. Toutes ces merveilleuses pensées à la ressemblance de Dieu que je pense maintenant, aujourd'hui, s'enfoncent dans mon esprit subconscient comme dans une tombe. Je sais qu'au moment voulu, elles se manifesteront dans l'harmonie, la santé, la paix, selon mes conditions, mes expériences et les événements.

« Je passe maintenant de la peur et la pénurie vers la liberté en Dieu et la vie abondante. L'Homme-Dieu s'est levé en moi. Regardez ! Je rends toutes choses nouvelles. »

CHAPITRE 7

LES FORMES DE PENSÉE SONT CRÉATRICES

Il donna ses soins à un esprit malade — Penchons-nous sur la puissance de la pensée — Quels sont les ennemis ? — Pourquoi il n'était pas prospère — La médecine psychosomatique — Les deux sœurs — La domination de l'esprit — Apprenez les lois spirituelles et mentales de la vie — Le pouvoir de la suggestion dans la guérison — Vous êtes ici pour grandir et progresser — Le Verbe s'est fait chair — Défaites-vous de votre blocage mental — Le vieux proverbe le dit bien.

Notes personnelles :

_____

_____

_____

_____

_____

_____

_____

_____

_____

_____

Selon l'évaluation de la population mondiale, y compris des gens que l'on suppose très instruits, l'imagination est une faculté très sous-estimée. Chez plusieurs, l'imagination a été descendue à un niveau inférieur parmi leurs pouvoirs intellectuels. Malgré tout, souvenez-vous que l'imagination est l'un des plus élevés et des plus importants pouvoirs en vous.

L'imagination est le pouvoir formateur de votre esprit. Elle possède une force créatrice. Dieu a créé l'univers et les galaxies de l'espace en s'imaginant qu'il était Lui-même toutes ces choses, et Il est devenu ce qu'il imaginait être Lui-même. Dieu a dû se faire l'image de l'homme pour que l'homme fût.

Pensez pour un moment aux auteurs de fiction et rendez-vous compte que toutes ces scènes merveilleuses qu'ils créent sont les fruits d'une vive imagination. Étymologiquement, la fiction est ce que l'imagination peut créer. La poésie est une création mentale. L'imagination est la faculté de produire des images, ou de produire une idée et de la projeter sur l'écran de l'espace.

L'imagination est la principale faculté de l'homme. C'est une force spirituelle et une puissance créatrice. Le simple fait qu'un homme imagine qu'il est malade est une preuve qu'il l'est, car la maladie n'est que l'effet du mauvais usage et de l'action anormale de ce pouvoir créateur. Si nous pouvions retracer l'histoire mentale de tous les maux et maladies des individus, nous découvririons sans doute le pouvoir d'une imagination mal orientée.

Il y a deux manières d'utiliser chacun de nos pouvoirs. Assurez-vous d'utiliser votre imagination avec discipline, contrôle et bonne direction, en fonction des principes universels et des vérités éternelles. Imaginez ce qui est aimable, noble, digne et à la ressemblance de Dieu. L'imagination combinée avec la foi accomplit des merveilles dans la guérison de toutes sortes de maladies. Dans ces deux pouvoirs spirituels, à savoir l'imagination et la foi, nous avons les plus importants de tous les instruments créateurs.

Il donna ses soins à un esprit malade

Le défunt Carrick Cook, qui a été pasteur à San Francisco pendant plusieurs années, de même qu'un associé du regretté Ernest Holmes, fondateur de la Science de l'Esprit à Los Angeles, m'a un jour parlé d'une femme de race noire dont les pouvoirs de guérison étaient remarquables. Il semble que quelqu'un lui aurait vendu une relique qu'elle supposait provenir des ossements d'un saint, et elle était convaincue que lorsque les gens lui rendaient visite pour être guéris, au seul toucher de cette relique ils seraient rétablis, peu importe leur infirmité.

Un grand nombre de personnes ont été vraiment guéries mais, selon Carrick Cook, cette relique n'était qu'un os de chien. Les malades qui venaient la voir croyaient en ce qu'elle disait ; leur foi et leur imagination s'occupaient du reste. Carrick Cook a raconté qu'un docteur en médecine qui avait examiné cet os lui expliqua qu'il s'agissait d'une partie de la patte d'un chien.

Ceci prouve le pouvoir de la foi et de l'imagination, qui ranimaient le pouvoir de guérison chez ceux qui acceptaient ce que disait cette praticienne. Il s'agissait naturellement, d'une foi aveugle car les malades ne comprenaient pas pourquoi ou comment ils étaient guéris. La foi véritable est l'union de votre esprit conscient avec votre esprit subconscient, dirigée scientifiquement.

Les forces les plus puissantes de la nature agissent dans le silence et sans bruit. Vos pensées exercent un pouvoir sur votre corps. Les pensées morbides sont du type de celles qui génèrent la maladie ; mais, vos pensées peuvent aussi être saines, constructives et productrices de santé. L'état de la pensée et des sentiments est la cause de la condition physique.

Les pensées et les idées représentent la réalité sous-jacente de tous les objets extérieurs et visibles. Lorsque vous contemplez le monde, tout ce que vous voyez, comme le ciel étoilé, les montagnes, les océans, les lacs, les arbres, sont les pensées de Dieu. En étudiant la nature, nous communiquons avec l'Infini, de même que nous le faisons avec les idées d'un auteur en lisant les mots dans son livre.

Penchons-nous sur la puissance de la pensée

Tout ce qu'un homme crée ou invente consciemment a toujours été d'abord une pensée dans son esprit, une idée clairement formulée dans son esprit avant de prendre la forme d'un chose objective, ou extérieure. Par exemple, la maison que vous habitez, l'automobile que vous conduisez ou l'avion dans lequel vous volez existent d'abord dans le cerveau de l'homme. Le tableau est dans l'esprit du peintre, et cette magnifique statue que vous admirez était d'abord une idée dans l'esprit du sculpteur.

Platon enseignait que tout existe par l'idée, ou images mentales, avant d'être matérialisé extérieurement. Il y a des idées fausses et des idées vraies, une bonne et une mauvaise façon de penser. Une idée fausse ou fallacieuse peut se manifester dans le corps sous forme de maladie. L'idée de Fulton devint un bateau à vapeur et l'idée de Morse se manifesta sous la forme d'un télégraphe. Une usine ou un grand magasin est la pensée d'un entrepreneur qui a été condensée dans une manifestation objective.

Les gens commencent a prendre conscience de l'influence des idées, de l'imagination, de la foi et des sentiments sur la condition physique et sur toutes les fonctions physiologiques de leur être.

Quels sont les ennemis?

Souvent, des hommes et des femmes m'écrivent pour me demander: «Comment pourrais-je pardonner, ou oublier ceux qui violent, tuent, volent, pillent, fraudent, maltraitent leurs enfants et parfois les assassinent?» Ils poursuivent en parlant des Iraniens qui gardent des Américains en otages et les traitent avec tant de cruauté.

Il est dit dans la Bible: ...*Aimez-vos ennemis et priez pour ceux qui vous persécutent* (Matt. 5: 44). Plusieurs personnes ont une fausse compréhension et une mauvaise compréhension de la vraie signification d'aimer ses ennemis. On vous dit que les ennemis sont dans votre demeure (esprit). Si vous entretenez, dans votre esprit, des pensées de haine, de ressentiment, de colère, de rancœur et d'amertume, vous êtes troublé émotivement. Votre santé s'en trouve affectée et peut-être souffrez-vous de maladies comme des ulcères, une haute tension artérielle, un échec en affaires ou de mauvaises relations humaines.

Pourquoi il n'était pas prospère

Il y a quelque temps, un brillant homme d'affaires qui avait connu de grands succès dans son domaine, me disait que ses affaires étaient à la baisse, que ses commis volaient et que plusieurs de ses clients allaient ailleurs.

La raison était qu'il était impliqué dans un problème matrimonial, un divorce amèrement contesté. Il détestait sa femme et son esprit était pollué par la colère, une rage contenue et la peur. Il créait ses propres ennemis.

Je lui ai expliqué qu'il était l'unique penseur dans son univers et qu'il était responsable de sa façon de penser envers sa femme. Il commença à voir clairement que ce n'était pas ce qui lui arrivait, mais ses réactions, sa façon de penser, qui faisaient la différence entre le succès et l'échec, ou entre la santé et la maladie.

En conséquence, il pratiqua la loi de la substitution. Il remplaça ses pensées négatives par des pensées constructives et se mit à déclarer qu'il y avait une solution divine et harmonieuse à son problème juridique et que la justice divine prévaudrait.

Il découvrit que les ennemis réels étaient ses créateurs, le fruit de ses propres pensées ; donc, il pratiqua la pensée droite, le sentiment juste et la bonne action. Il utilisa cette simple prière : « Dieu pense, parle et agit par moi. Dieu m'aime et me protège. » Quand des pensées de crainte ou de haine venaient à son esprit, il affirmait immédiatement : « Mon âme est comblée par l'amour de Dieu. » Ainsi, il se guérit lui-même et il connut la prospérité dans ses affaires.

La médecine psychosomatique

Le mot *psychosomatique* est tiré de deux mots grecs *psyche* qui signifie l'esprit, et *soma* qui signifie le corps, pour indiquer que rien ne se produit dans le corps à moins que l'équivalent ne se soit d'abord produit dans votre esprit. Le docteur Frank Varese, de Laguna Hills, est un médecin éminent qui donne souvent des conférences sur les rapports entre l'esprit et le corps dans les cas de maladie. Avec d'autres médecins qui pratiquent la médecine holistique, il insiste sur les rapports qui existent entre les désordres physiques et les différentes maladies, et les émotions confuses et destructives de leurs malades.

Les oncologistes, qui sont des spécialistes dans le traitement du cancer, disent qu'il y a généralement chez les victimes du cancer, un schéma de profond ressentiment, d'hostilité, de frustration, un manque de disposition à pardonner ainsi qu'un grand complexe de culpabilité. La maladie est une projection de la structure des pensées du malade. Le docteur Varese a beaucoup de succès quand il s'agit de provoquer chez ses malades un état d'esprit orienté vers la santé.

Vous pouvez facilement voir à quel point il est sage d'aimer ses ennemis, si vous comprenez que vous créez vous-même ces ennemis qui, en réalité, ne sont que le mouvement de votre esprit. Par conséquent, si vous remplacez vos pensées négatives par des pensées à la ressemblance de Dieu et basées sur les vérités éternelles, les pensées négatives se transforment en énergie constructive, énergie bienfaisante qui vous guérit.

Les deux sœurs

Deux sœurs jumelles se sont mariées en même temps et semblaient très amoureuses de leurs maris. Cependant, après quelques années, les deux maris les abandonnèrent et partirent à l'étranger, sans explication et sans prendre les mesures nécessaires pour assurer l'éducation de l'enfant que chacune des deux sœurs avait mis au monde.

L'une des sœurs, qui avait étudié la science de l'esprit, reprit sa profession d'infirmière, sans perdre son sang-froid ni son équilibre. Elle continue de suivre ses traitements de beauté, de faire de la natation et de jouer au golf, et elle conserva sa paix intérieure. Elle continua de méditer sur les grandes vérités contenues dans *Songs of God**. Elle ne

---

* Voir *Songs of God*, par le docteur Joseph Murphy, De Vorss and Compagny, Marina del Rey, Californie, 1979.

perdit jamais sa maîtrise de soi. Comme Joseph aux temps lointains, elle était convaincue que cette expérience ne pouvait que lui faire du bien. Elle obtint rapidement son divorce et le pédiatre qui s'occupait de sa fillette la demanda en mariage et elle l'épousa.

L'autre sœur manifesta une haine intense envers son ex-mari, lui souhaitait des expériences négatives de toutes sortes. Elle bouillait de rage et d'hostilité et développa une arthrite aiguë qui nécessita son hospitalisation.

Ces deux sœurs avaient vécu la même expérience ; la différence n'était pas dans ce qu'il leur était arrivé, mais dans leurs pensées et leurs réactions.

Vous savez où se trouve l'ennemi. Vous ne pouvez vous permettre de faire du ressentiment, d'avoir de la haine, de l'hostilité ou un stress émotionnel, parce que ces émotions vous privent de discernement, de vitalité, de paix d'esprit et de santé, faisant de vous une épave physique et mentale. En vérité, il est profitable d'aimer ses ennemis.

La domination de l'esprit

Aucune partie du corps n'échappe à la domination de l'esprit et ne peut être influencée par une action intelligente volontaire. J'ai connu un homme, en Inde, qui pouvait à volonté arrêter les battements de son cœur. Aujourd'hui, cette faculté est bien connue dans les milieux de la recherche.

Dans l'Ashram, d'autres professeurs pouvaient transpirer quand ils le voulaient. D'autres pouvaient contracter ou dilater leurs pupilles comme ils le désiraient. Ils disaient qu'il leur suffisait de penser à un endroit très sombre et leurs pupilles se dilataient. Quand ils pensaient à un point très brillant, leurs pupilles se contractaient. Par exemple, si vous pensez à quelque chose de sûr, comme du jus de citron, vos glandes salivaires sont affectées et vous en avez l'eau à la bouche.

Donc, une idée, une pensée, une imagination peuvent être un médicament ou un poison. *Car tel qu'il pense dans son cœur, tel est-il...* (Prov. 23 : 7). Ceci est une des choses les plus sages qu'ait dites Salomon. Tous les pouvoirs actifs et vitaux résident dans votre esprit subconscient. Étant donné un certain état mental, une condition physique correspondante s'ensuit avec la certitude infaillible de la loi de la cause et de l'effet. La pensée exerce un pouvoir sur tous les organes de votre corps et ce pouvoir n'est pas reconnu par les masses.

Vivre dans la vérité signifie passer dans la vérité et discerner la vérité. Il est important d'avoir à l'esprit que l'imagination est un mode de pensée, et chaque idée de l'esprit, à cause de sa nature inhérente, tend à s'actualiser dans le corps. L'esprit est la seule force vivante du corps.

N'oubliez pas cette simple vérité : L'ennemi véritable, c'est votre pensée, créée par vous. Prenez une décision au sujet de ces ennemis dans votre esprit et chassez-les. Consumez-les et brûlez-les au feu de l'Amour divin. C'est idiot de croire qu'aimer vos ennemis signifie d'inviter chez vous des criminels, des violeurs, des assasins, et des drogués, de les amuser et de les prendre dans vos bras pour leur dire combien vous les aimez. Cela serait absurde.

Vous comprenez pourquoi ils agissent comme ils le font. Ils sont sous la contrainte d'émotions négatives, destructrices et déraisonnables. Vous comprenez qu'ils sont remplis de haine envers eux-mêmes et projetent cette haine sur les autres. Vous les regardez avec tolérance et compréhension. En aucune circonstance vous n'approuvez leurs crimes, mais vous comprenez les forces malveillantes qui sont à l'œuvre dans leurs esprits. De plus, vous savez que la punition et la justice prévaudront.

Les assassins, les violeurs, etc., devraient être emprisonnés afin de protéger la société. Quelques âmes bien pensantes qui n'ont que peu ou pas de compréhension de la sagesse et qui sont membres de commissions de libération conditionnelle, souvent libèrent ces criminels endurcis qui s'en prennent encore à la société. Un de ces criminels m'a avoué volontairement qu'il avait prétendu être religieux, converti et né une nouvelle fois, afin d'obtenir sa libération. Ceci n'est pas l'amour. Il n'y a pas d'amour sans sagesse de même qu'il n'y a pas de sagesse sans amour.

Apprenez les lois spirituelles et mentales de la vie

Encore plus important, aimer vos ennemis signifie bannir de votre esprit vos craintes, haines, jalousies, colères et ressentiments, tous créés par vous-même et qui sont vos ennemis véritables. Lorsque ces émotions négatives dominent et contrôlent votre esprit, vous pouvez être absolument sûr que vous en ressentirez les résultats dans votre corps, votre foyer, vos affaires et vos relations avec autrui. Ceci est la loi spirituelle et mentale qui s'applique à tous les hommes et à toutes les femmes à travers le monde, peu importe leurs croyances et leurs affiliations religieuses. Les chasseurs nous disent que les animaux passent à l'attaque lorsqu'ils flairent la peur.

Aujourd'hui, au moment où j'écris ce chapitre, une femme m'a consulté et a admis qu'elle avait eu continuellement peur que sa maison soit cambriolée. Un dimanche, pendant qu'elle était à l'église, des voleurs se sont amenés devant chez elle avec un camion et se sont emparés de tous les beaux meubles qu'elle avait dans sa maison. Ils ont tout volé.

Sa peur constante, matin, midi et soir, avait été le vrai voleur, et son esprit subconscient l'avait matérialisé. La loi est impersonnelle et ne fait pas exception de personnes. Elle a maintenant recours au grand Psaume de la protection, c'est-à-dire le 91e Psaume *, et deviendra immunisée contre tous les malheurs.

---

* Voir *Songs of God*, par le docteur Joseph Murphy, De Vorss and Compagny Inc., Marina del Rey, Californie, 1979.

Faites en sorte que toutes les pensées de votre esprit soient harmonieuses, calmes, amoureuses et basées sur la foi en Dieu et en la bonté de Dieu sur la terre des vivants. Que votre confiance et votre dépendance soient en Dieu, Source de tous les bienfaits. Lorsque vos pensées sont les pensées de Dieu, la puissance de Dieu accompagnent vos bonnes pensées.

« Le corps prend sa forme dans l'âme, car l'âme est la forme et cette forme fait le corps. »

Le pouvoir de la suggestion dans la guérison

Le docteur Warren Evans, qui a été un élève de Phineas Parkhurst Quimby aux environs de 1850, a écrit un article intéressant. Il cite un événement historique : durant le siège de Buda, en 1625, alors que la garnison était sur le point de se rendre, suite à l'épidémie d'une forme aggravée de scorbut, le Prince d'Orange a fait apporter quelques bouteilles d'un faux médicament qu'il prétendait être une panacée et un remède infaillible contre cette maladie. Administré au compte-gouttes, ce remède produisit des résultats étonnants.

Plusieurs qui n'avaient pas bougé leurs membres depuis des mois ont été vus, marchant dans la rue, sains, droits et sans infirmité ; et plusieurs qui avaient déclaré que les remèdes précédents avaient aggravé leur cas, ont été guéris en quelques jours. Vous savez, bien sûr, que ce n'était pas l'effet du médicament, car celui-ci n'avait aucune valeur thérapeutique. Leur foi et leur confiance dans les propriétés curatives des gouttes étaient la cause de ces guérisons renversantes.

Ce serait merveilleux si tout le monde se rendait compte de la Présence Infinie de la Guérison en eux pour ensuite constater que leur foi en cette Présence de la Guérison peut accomplir des miracles dans leur vie. Chacun pourrait se servir de son imagination de façon sage et éclairée, comprenant que tels qu'ils s'imaginent en train de faire toutes les choses qu'ils feraient s'ils étaient en santé, telle serait la réponse de leur subconscient.

Ceci se traduirait par un acte de foi sincère envers Dieu, ce qui est un mouvement de l'esprit et du cœur vers l'Infinie Présence de la Guérison qui nous a créés, suscitant ainsi une union vitale et une conjonction vivifiante avec la Présence Infinie qui habite dans chacun de nous. Il se produira des miracles quand nous aurons prié sciemment et amoureusement.

Vous êtes ici pour grandir et progresser

Lisez le premier Psaume. C'est une magnifique histoire qui nous dit comment l'homme peut libérer la Divinité en lui et s'exprimer à son plus haut niveau. *Il est comme un arbre planté auprès des cours d'eau ; celui-là portera fruit en son temps et jamais son feuillage ne sèche ; tout ce qu'il fait réussit* (Ps. 1 : 3).

L'analogie est claire. L'arbre a ses racines dans la terre et l'arbre possède à l'intérieur une sagesse subjective qui permet à ses racines d'aspirer et de s'approprier tous les éléments chimiques et nutritifs nécessaires à son épanouissement. Ses racines s'enfoncent profondément dans le sol pour en extraire l'eau vivifiante dont l'arbre a besoin.

De la même manière, vous êtes enraciné dans le Principe de Vie, et lorsque vous vous tournez vers cet Esprit Infini en vous et que vous vous unissez mentalement et spirituellement à l'Esprit Vivant, vous êtes rafraîchi, revitalisé, régénéré et inspiré de Là-Haut. L'Arbre de Vie est en vous, et les fruits de cet arbre sont l'amour, la joie, la paix, l'harmonie, les conseils, la bonne action et l'illumination. Vous pouvez tirer du plus profond de vous-même tout ce dont vous avez besoin pour vivre dans le bonheur et la plénitude.

Le Verbe s'est fait chair

Au commencement le Verbe était et le Verbe était avec Dieu et le Verbe était Dieu (Jean 1 : 1). La parole est la pensée exprimée et elle est créatrice. C'est le seul pouvoir immatériel que nous connaissons. Votre pensée est Dieu dans le sens qu'elle est une puissance créatrice au niveau de l'esprit individuel. Elle n'est pas Dieu dans le sens de la Pensée Universelle et de l'Esprit Infini.

La parole de Dieu dont les gens parlent représente la vérité de Dieu, vérité qui est la même aujourd'hui qu'hier et toujours. La Bible dit : *...Dites une parole, et mon serviteur sera guéri* (Luc 7 : 7).

Quand vous priez pour quelqu'un d'autre, vous déclarez que ce qui est vrai pour Dieu l'est également pour la personne malade. Tournez-vous vers la Présence et la Puissance (Dieu) qui résident en vous et pensez à la paix absolue, à l'harmonie absolue, à la beauté, à l'amour sans bornes et au pouvoir sans limites. Cessez de penser aux symptômes, aux organes ou à l'une ou l'autre partie du corps. Sentez et sachez qu'il n'y a qu'une seule Présence de Guérison et de Pouvoir ; paisiblement et amoureusement, affirmez la puissance édifiante, guérissante, affermissante de la Présence Infinie de la Guérison qui imprègne la personne pour laquelle vous priez, ce qui lui rendra la santé et la perfection. Sachez et sentez que l'harmonie, la beauté, l'intégralité et l'amour de Dieu se manifestent dans l'autre. Faites-vous une image précise de ceci ; alors vous prononcerez la parole qui guérit.

Défaites-vous de votre blocage mental

J'ai eu l'occasion de parler à un grand nombre de jeunes hommes et de jeunes femmes. Plusieurs ont du charme, de l'intelligence, une excellente éducation et le sens de l'humour, mais ils n'ont pas confiance en eux-mêmes. Ils se déprécient, pour ainsi dire. Généralement, c'est parce qu'on leur a dit quand ils étaient jeunes qu'ils étaient stupides, nigauds, maladroits et gauches; et, ils ont été handicapés par ces préjugés d'infériorité et de faiblesse. Ils semblaient vivre dans un monde illusoire.

Je dis aux hommes de se regarder dans le miroir, le matin, pendant cinq minutes environ en affirmant à haute voix et avec conviction: « JE SUIS le fils du Dieu Vivant. Je chante les louanges de Dieu en moi. Toutes choses me sont possibles grâce au Pouvoir de Dieu qui me donne la force. » Je les exhorte à faire ceci régulièrement et, lorsqu'ils sont enclins à la critique ou à blâmer les autres, à affirmer immédiatement: « Je loue Dieu au sein de moi. » Ceci neutralise les pensées négatives et la pensée de la peur se transforme en énergie constructive.

J'enseigne aux jeunes femmes à avoir recours au traitement du miroir également et d'affirmer: « JE SUIS une fille de l'Infini. JE SUIS un enfant de l'Éternité. Dieu est mon père, et Dieu m'aime et me protège. » Chaque fois qu'elles ont envie de se condamner ou de s'abaisser, elles devront affirmer immédiatement: « Dieu m'aime et Il prend soin de moi. »

Graduellement, toutes les attitudes négatives développées dans la jeunesse disparaissent et sont complètement effacées. Leurs esprits étaient devenus victimes de suggestions négatives qu'elles avaient acceptées alors qu'elles étaient très jeunes et que leurs esprits étaient impressionnables et malléables. Elles n'avaient pas, alors, la sagesse ni la compréhension requises pour rejeter les suggestions négatives. Sans y penser, par négligence et peut-être par ignorance, plusieurs parents accusent leur jeune garçon d'être menteur ou idiot; de plus, à force de se le faire répéter, ce même garçonnet le devient. Il commence à accepter cette suggestion et son subconscient qui est le siège des habitudes et compulsif de nature, exprime cette croyance.

Le vieux proverbe le dit bien

« Donnez à un chien une mauvaise réputation et pendez-le.» Il y a quelque chose de vrai dans ce vieux proverbe. La secrétaire du président d'une compagnie me racontait que les autres employées de bureau répandaient toutes sortes de mensonges à son sujet, l'accusant d'un bon nombre de déviations sexuelles. Cet assassinat de caractère engendrait beaucoup d'hostilité et de mauvaise volonté dans le bureau.

Je lui ai suggéré de ne pas accorder d'attention aux mensonges que racontaient les filles du bureau, car leur commérage et leurs suggestions n'avaient pas le pouvoir de créer les choses qu'elles suggéraient, alors qu'elle avait le pouvoir de les rejeter et de les ignorer. Elle se mit à méditer sur le sens profond du 91e Psaume* et à pratiquer les grandes vérités au cours de chaque journée. Elle avait le courage et la force d'âme pour s'en remettre à la Présence Infinie en elle. Les autres se rendirent rapidement compte que leurs accusations et leurs rumeurs négatives n'avaient aucun effet sur elle.

La suite est intéressante : celles qui propageaient ces fausses accusations ont été transférées, et cette secrétaire annonça à celles qui restaient qu'elle allait épouser le président de la compagnie.

Voici la prière qu'elle récitait souvent : « *Que dire après cela ? Si Dieu est pour nous, qui sera contre nous ?* (Rom 8 : 31) Je sais et je crois que Dieu est l'Esprit-Vivant Tout-Puissant, l'Éternel Toute-Sagesse, et nul pouvoir ne peut défier Dieu. Je sais et j'accepte complètement que si mes pensées sont les pensées de Dieu, la puissance de Dieu accompagne mes bonnes pensées. Je sais que je ne peux recevoir ce que je ne peux donner, et je donne des pensées d'amour, de paix, de lumière et de bonne volonté à tous

---

* Voir *Songs of God*, par le docteur Joseph Murphy, De Vorss and Compagny Inc., Marina del Rey, Californie, 1979.

ceux qui m'entourent et à tous les individus, partout. Je suis immunisée et intoxiquée par Dieu et je suis toujours entourée par le cercle sacré de l'Amour de Dieu. Toute l'armure de Dieu m'entoure et m'enveloppe. Je suis divinement guidée et gouvernée, et j'entre dans la joie de vivre. *Car la plénitude des joies se trouve devant ta face, et les délices dans ta droite, à tout jamais* (Ps. 16 : 11).»

CHAPITRE 8

COMBLEZ VOS DÉSIRS

Votre désir le plus profond — Le désir est naturel et vous est donné par Dieu — L'instinct de conservation — Le désir est un don de Dieu — La suppression du désir — Il désirait aller au collège — Servez-vous de la logique — La Règle d'Or — Elle a trouvé un besoin — On a besoin de vous — Les deux frères — L'imagination créatrice — Elle voulait une maison — Il existe une manière facile — La lumière est en vous — Son image mentale de sa fille — Votre imagination est toujours à l'œuvre — Le mauvais usage de l'imagination — Pourquoi l'orateur n'a pas eu de succès — Une vieille légende mystique.

Notes personnelles :

Dieu cherche toujours à s'exprimer par vous. Dieu parle à l'homme au moyen du désir. Quand vous êtes malade, vous désirez la santé ; quand vous êtes pauvre, vous désirez la richesse ; quand vous êtes en prison, vous désirez la liberté ; quand vous êtes égaré dans la jungle, vous désirez en sortir et trouver la sécurité.

La réalisation de votre désir est votre sauveur. Chacun est son propre sauveur et chaque homme répond à sa propre prière, car tout ce qu'il pense vraiment se réalisera. Vous désirez grandir, progresser, vous développer et combler les vœux de votre cœur. Vous désirez être plus grand demain que vous ne l'êtes aujourd'hui.

Si vous êtes musicien, vous ne voulez pas être un musicien médiocre ; vous désirez exceller pour que votre musique touche l'âme des hommes et des femmes. Les scientistes désirent en savoir davantage sur les secrets du code génétique ; d'autres scientistes fouillent les secrets de l'atome. Leur désir ou leur faim de mieux connaître les lois cosmiques et les secrets de l'univers continuent de servir l'humanité d'innombrables façons. La forte envie de s'exprimer est dans tout et partout.

Votre désir le plus profond

Votre désir réellement le plus profond est de trouver votre expression véritable dans ce que vous faites et aimez faire dans la vie, d'être divinement heureux et de prospérer divinement. Vous pouvez bien faire six choses, mais il y a quelque chose que vous pouvez mieux faire que les six autres : c'est d'être à votre place, ou de trouver votre propre expression.

Votre Moi Supérieur connaît tous vos talents et vous révélera la réponse. Affirmez : « L'Intelligence Infinie en moi me révèle ma vraie position dans la vie et je suis les indications qui me parviennent clairement dans ma conscience, dans mon esprit raisonnable. » Le signe vous viendra. Suivez-le. Vous désirez vous exprimez au plus haut niveau et utiliser vos facultés à leur plus haut degré. Vous désirez des revenus magnifiques et merveilleux, compatibles avec l'intégrité et l'honnêteté.

Le désir est naturel et vous est donné par Dieu

Il y a quelques années, j'ai rencontré une jeune Espagnole qui travaillait dans un grand magasin. Elle vint me consulter et me confia que tout ce qu'elle désirait dans la vie était de devenir chanteuse. Elle avait une voix magnifique et bien entraînée. Elle avait essayé en vain de décrocher un contrat à la télévision, à la radio ou dans des cabarets. Elle était très frustrée et, pour ainsi dire, complètement refoulée.

Elle avait compris qu'en refoulant son désir de chanter et qu'en se lançant dans d'autres domaines, son système était sujet à des ulcères. En conséquence, elle changea d'attitude et ce changement d'attitude changea tout.

Intérieurement, elle se tourna vers son Moi Supérieur et affirma : « L'Esprit Infini m'a donné ce désir de chanter et m'ouvre la voie pour que je m'exprime parfaitement selon la Loi et l'Ordre divins. » Elle s'assura ensuite de ne jamais nier ce qu'elle avait affirmé.

Peu de temps après s'être mise à prier, elle fut invitée à chanter dans un club espagnol et une nouvelle carrière s'ouvrit pour elle presque immédiatement lui assurant un meilleur revenu, un plus grand prestige et, par-dessus tout, elle pouvait déployer son vrai talent devant le monde.

L'instinct de conservation

L'instinct de conservation est la première loi de la vie, ce qui signifie que le premier désir de la vie est de conserver la vie elle-même et de progresser dans tous les domaines. Votre désir d'être, de faire, d'avoir et de vous exprimer d'une façon merveilleuse, de vivre pleinement votre vie, constitue en vous un puissant besoin.

Vous avez reçu le désir sexuel pour assurer la continuation de la race. Le sexe est un acte d'amour qui ne doit jamais être utilisé pour faire du tort aux autres ou leur donner un sentiment de culpabilité. Il doit se baser sur l'amour mutuel, la liberté et le respect. Vous pouvez donner à tous vos désirs une saine expression.

Le désir est un don de Dieu

Dans la vie, le désir est fondamental. Le désir existe ! Il est impossible de s'en défaire. Quand vous avez faim, vous désirez manger ; quand vous avez soif, vous désirez de l'eau. Un homme demandait au génie de l'électricité, Thomas Édison : « Monsieur Édison, qu'est-ce que l'électricité ? » Édison répondit : « L'électricité existe. Servez-vous-en. »

Vous pouvez vous servir de ce pouvoir de mille et une façons pour servir l'humanité. Vous pouvez aussi vous en servir pour électrocuter quelqu'un. Ainsi, chaque pouvoir peut être utilisé de deux façons. Jamais, peu importe les circonstances, pouvez-vous désirer la position d'un autre homme, sa femme, sa maison ou tout ce qui lui appartient. Convoiter ou envier autrui vous attire la perte, la pénurie ou la limitation. Vous vous appauvrissez dans tous les domaines. Vous vous dites : « Il peut posséder ces choses, mais je ne le puis. » Vous niez votre propre Divinité. En vérité, lorsque mentalement vous volez quelqu'un d'autre, vous ne faites que vous voler vous-même.

Cette perte se manifestera de plusieurs manières : perte de santé, de prestige, d'avancement, d'amour ou d'argent. Il est impossible de prédire comment la perte se manifestera. Vous ne voulez pas le poste de quelqu'un d'autre ; en réalité, vous voulez un poste semblable, avec les mêmes privilèges, émoluments, salaire et gratification.

L'Intelligence Infinie peut vous ouvrir une autre voie d'expression si vous le lui demandez. Elle vous répondra.

La suppression du désir

En Inde et ailleurs en Orient, on enseigne aux étudiants à supprimer leurs désirs. Ceci est idiot et les conséquences sont désastreuses. Une femme me disait qu'elle voulait trouver un endroit où elle ne désirerait rien, car alors elle se sentirait libérée. Pourtant, c'était la femme la plus frustrée et névrosée qu'il m'a été donné de rencontrer dans un Ashram.

Je lui ai demandé : « Ne désirez-vous pas une tasse de café le matin ? Si vous êtes musicienne, ne désirez-vous pas jouer et inspirer les autres ? Si vous êtes une femme médecin, ne voulez-vous pas soulager la douleur et la souffrance ? Si vous êtes fermière, ne désirez-vous pas semer, récolter et nourrir vos enfants ? »

Il désirait aller au collège

Un jeune homme qui volait son employeur a été pris et renvoyé. Plus tard, en guise d'explication, il m'a dit qu'il volait pour aller au collège. Son désir avait été mal dirigé. Son désir d'aller au collège n'avait rien de mauvais. Je lui ai expliqué que Dieu, qui lui avait donné ce désir, ne se moque pas de lui car il possède la capacité inconditionnelle de s'adresser à la Présence de Dieu en lui et de réclamer son bien. J'ai ajouté que Dieu, Source de toutes choses au monde, lui ouvrirait la voie pour qu'il termine ses études collégiales.

Je lui ai conseillé la simple prière suivante : « Dieu est ma Source d'approvisionnement, et la richesse de Dieu est présente dans ma vie. Il y a toujours un surplus divin. Dieu m'ouvre la voie pour entrer au collège selon l'Ordre divin. »

Je lui ai expliqué que son désir était légitime mais qu'il l'avait mal dirigé et qu'il avait fait un mauvais usage de la loi de l'esprit. Il ne faut ni frauder, ni voler, ni blesser quelqu'un d'autre pour faire du progrès. Celui qui le fait se limite et cherche sa perte. Le simple fait de voler indique que vous êtes dans un état de pauvreté, suivi d'un sentiment de culpabilité ; tout ceci ne peut avoir que des conséquences désastreuses.

Ainsi, il se servait de la loi de façon constructive et basée sur la prière mentionnée plus haut, et la voie s'ouvrit devant lui. Il obtint une bourse d'études et trouva la Source de tous les bienfaits.

Servez-vous de la logique

Admettez que le désir est la force motrice derrière le progrès scientifique, artistique, industriel et dans toutes les phases de la vie. C'est le principe moteur de tous vos accomplissements. Il y a une réponse à tout ce que le cœur désire vraiment. Il y a une bonne façon de combler tous les désirs sincères de l'âme. Vous ne pourriez avoir de désirs s'il n'existait pas de réponses à ces désirs. Admettez que l'Esprit Infini qui vous a inspiré un désir vous révélera aussi un plan parfait pour sa réalisation selon la Loi et l'Ordre divins.

Paul a dit : *Car c'est Dieu qui opère en vous, par pure bonté, le vouloir et le faire* (Phil. 2 : 13). Vous désirez exceller et grandir dans la sagesse. Ce désir provient de Dieu, le Principe de Vie qui agit en vous et par vous, vous incite à gravir l'échelle de la vie pour vous exprimer à des niveaux supérieurs. Ne réprimez pas vos désirs, car ce serait réprimer le Principe de Vie Lui-Même. C'est insensé de refuser de respirer de l'air ou de boire de l'eau, car la mort s'ensuivra rapidement.

La Règle d'Or

Toutes les grandes religions, pendant des temps immémoriaux, ont enseigné la Règle d'Or. Simplement dit, cette règle signifie que vous souhaitez la santé, le bonheur, la paix, la prospérité et tous les bienfaits de la vie à tous les gens, partout. Vous êtes ici pour servir et mettre vos talents et capacités à la disposition du monde. La joie c'est de servir. Lorsque vous servez les autres noblement, généreusement et amoureusement, le bien que vous faites vous sera rendu mille fois ; en outre, vous recevrez des honneurs, de la reconnaissance et de merveilleuses récompenses financières pour un travail bien fait.

Trouvez un besoin dans votre localité et remplissez-le. Le monde vous récompensera généreusement. Peu importe où vous êtes et la nature de vos occupations, vous pouvez aider les autres à s'aider eux-mêmes. Vous pouvez toujours donner une transfusion de foi et de confiance à tous ceux qui vous entourent. Vous pouvez donner la joie et le contentement et exalter la Divinité parmi tous vos confrères de travail et dans toute la population en général. Cette attitude mentale vous apportera de fabuleux dividendes.

Elle a trouvé un besoin

Dernièrement, alors que j'étais conférencier dans l'église de la Science Religieuse, à Saint-Louis, une jeune fille du Pérou m'a raconté qu'elle était arrivée du Pérou depuis trois ans et travaillait dans un bureau comme traductrice. À maintes reprises, elle avait entendu des hommes et des femmes dire qu'il serait merveilleux d'avoir un bon restaurant espagnol dans le quartier. Étant donné qu'elle avait eu de l'expérience à titre de cuisinière à Lima, elle annonça à quelques-uns de ces hommes qu'elle pouvait exploiter un restaurant et combler ce besoin. Deux membres de l'organisation décidèrent de l'aider financièrement et, aujourd'hui, elle réussit magnifiquement.

La nourriture mentale et spirituelle est aussi nécessaire que la nourriture du corps. La nourriture physique est un prérequis car il est très difficile de transmettre les grandes vérités de la vie à un homme qui a faim. Les idées de Dieu vénérées dans votre esprit et l'Inspiration divine sont aussi essentielles que le pain et la viande. De plus, vous devez aimer et être aimé si vous voulez vivre noblement votre vie.

On a besoin de vous

Chacun veut se sentir utile et désiré, de même qu'il cherche à trouver son rôle véritable dans la vie. Autrement dit, chacun veut sa part de richesses dans la vie et tout l'argent nécessaire pour faire ce qu'il veut quand il veut le faire. L'argent est un symbole de liberté, de luxe, de raffinement, d'abondance et de réussite.

Tournez-vous vers la Source de tous les bienfaits et affimez du point de vue de l'Infini : « La richesse spirituelle, mentale, matérielle et financière de Dieu circule dans ma vie, et il y a toujours un divin surplus. » L'Intelligence Infinie en vous répondra en fonction de la loi universelle de l'action et de la réaction.

Chaque personne est unique et veut s'exprimer à son plus haut niveau. Pour réussir dans l'art de vivre, contribuez au bien-être et à la réalisation des désirs et des espoirs d'autrui. C'est alors que vous serez prospère. Souvenez-vous de cette vieille maxime hindoue : « Aide ton frère à traverser son bateau et voilà que le tien est déjà rendu sur la rive. » Les personnes de grande valeur et qui réussissent vraiment sont celles qui aident et assistent sans cesse les autres à réaliser leurs plus chers désirs.

Les deux frères

Deux frères se mirent en affaires ensemble et connurent un certain succès pendant plusieurs années. Dernièrement, ils se mirent à jouer sur le marché à terme et le marché des données et finirent par tout perdre, y compris leur commerce et leurs économies. Finalement, ils devaient 50 000 $ qu'ils ne pouvaient rembourser et déclarèrent faillite.

L'un des frères à qui j'ai parlé avait une très bonne attitude. Il m'a dit : « J'ai perdu de l'argent. J'en ferai d'autre et partirai en affaires encore une fois. J'ai vécu une bonne leçon qui, un jour ou l'autre, me rapportera des dividendes. Je n'ai pas perdu ma foi, ma confiance ou ma capacité de grandir et de progresser. J'ai beaucoup à offrir et je serai un énorme succès encore une fois. »

Il entra au service d'une maison de courtage et, grâce à ses nombreux amis, il trouva facilement de nouveaux clients pour son employeur.

Il me parla aussi de son frère dont il avait essayé de changer l'attitude. Il semble que son frère se sentait humilié et disgracié après avoir tout perdu. Il s'était mis à raconter ses malheurs, à tous ceux qu'il rencontrait et répétait d'un air monotone le vieux refrain que c'était la faute de son courtier, voulant ainsi excuser ses mauvaises décisions et ses erreurs. Ses amis commencèrent à l'éviter et sa santé se détériora à cause de sa tristesse et de son découragement. Il refusa les conseils et devint un assisté social.

Vous avez ici deux frères qui ont subi la même perte. Le premier a réagi de façon constructive et l'autre de façon négative avec un sentiment complet de futilité. Ce n'est pas ce qui nous arrive individuellement qui importe tellement ; c'est ce que nous en pensons et notre façon de réagir, laquelle peut être constructive ou négative. Un des deux frères se servit de son imagination avec sagesse, modifia sa façon de penser, envisagea de nouvelles possibilités, se servit des ailes de la foi et de l'imagination pour se faire une vie meilleure. Il avait découvert que le succès et la richesse étaient le fruit de son propre esprit.

L'imagination créatrice

L'imagination créatrice est une merveilleuse qualité spirituelle. Toutes les grandes découvertes et inventions scientifiques, artistiques et industrielles sont attribuables à des hommes ayant une imagination disciplinée. Alors que le monde entier disait : « Cela n'est pas possible, » des hommes ayant de l'imagination disaient : « C'est déjà fait. »

L'homme primitif qui vivait dans des cavernes était à la merci des bêtes sauvages, mais sa jeune imagination lui a permis de fabriquer des outils rudimentaires en bois ou en pierre, avec lesquels il pouvait tuer les bêtes qui l'attaquaient. L'énorme défi auquel devait faire face l'homme primitif le poussa à imaginer et à créer toutes sortes d'armes grossières pour se protéger. Il créa le feu pour se réchauffer et cuire sa nourriture et éventuellement, il découvrit la roue, découverte qui devait servir l'humanité d'innombrables manières. En vérité, les dimensions de l'imagination sont sans bornes, infinies et sans limites.

Elle voulait une maison

Une veuve qui avait un fils de dix ans voulait une maison près de son travail dans la région de Newport. Elle s'imagina qu'elle était dans la maison en train de placer les meubles et de montrer la cour à son garçon. Dans son imagination, elle voyait le genre de pièces qu'elle désirait, y compris un foyer. Dans son imagination, elle montrait souvent l'endroit à ses amis intimes. Elle agissait comme si elle possédait déjà cette maison, sachant qu'ainsi que la nuit succède au jour, elle la posséderait éventuellement. Tout ceci était basé sur sa croyance que... *Tout ce que vous demandez en priant, croyez que vous l'avez déjà reçu, et cela vous l'obtiendrez* (Marc 11 : 24).

Quelques mois s'écoulèrent et un jeune homme qui travaillait dans le même bureau la demanda en mariage. Ils s'épousèrent et la maison de son mari était la réplique de ce qu'elle avait imaginé et vécu mentalement au cours des deux mois précédents. Une maison est une forme-pensée dans votre esprit.

Il existe une manière facile

Plusieurs pensent que pour progresser il faut bousculer les autres, leur passer dessus, les pousser, jouer du coude, les déjouer et les surpasser. Tout cela est absolument faux. D'une façon matérialiste, il est possible d'avancer pendant un certain temps, mais la réaction peut vous pénaliser gravement sous forme de tensions, conflits, sentiments de culpabilité et malaises physiques aussi bien que par des pertes de toutes sortes.

Blesser les autres c'est se blesser soi-même et s'attirer des pertes, des défauts, des restrictions et l'appauvrissement. Envier les autres et chercher à les amoindrir ne vous apportera, à la fin, que des scories et non de l'or.

Que votre imagination soit vive et basée sur la foi en Dieu. C'est alors que vous avancerez et monterez tout en accomplissant de grandes choses. Mussolini, Staline, Hitler et autres, se sont servi du pouvoir créateur de l'imagination pour détruire les autres. Ce faisant, ils finirent par se détruire eux-mêmes.

La lumière est en vous

Il y a plusieurs années, j'ai lu les paroles prononcées par le défunt roi George d'Angleterre. Il citait le poète qui a dit : « J'ai dit à l'homme qui se tenait à la Porte de l'Année, "Donne-moi une lumière pour que je marche en sécurité dans l'Inconnu." Et il me répondit, "Va dans les ténèbres et met ta main dans la main de Dieu." Ceci sera pour toi meilleur que la lumière et plus sûr que si tu connaissais la route." »

La lumière dont il s'agit est l'Intelligence Suprême en vous, qui sait tout et voit tout. Si vous vous tournez vers cette lumière qui habite en vous, elle se tournera vers vous et vous conduira aux pâturages verdoyants et aux eaux tranquilles.

Son image mentale de sa fille

La fille d'un médecin était hospitalisée et gravement malade. Des spécialistes lui administraient des soins médicaux, mais elle ne réagissait pas tel que prévu, selon l'avis des médecins.

J'ai suggéré au médecin, son père, de calmer son esprit souvent durant le jour et d'imaginer la lumière de l'amour dans les yeux de sa fille pendant qu'il lui parlait. Dans son imagination, elle l'embrassait très affectueusement et lui répétait : « Papa, je suis complètement guérie. Je veux retourner à la maison. » Il continua d'imaginer ce scénario dans son esprit et l'un de ses confrères, qui s'occupait de l'enfant, lui téléphona pour lui dire : « Il s'est produit un changement remarquable et la température de votre fille a tombé. Elle est tout à fait normale. Elle peut rentrer chez elle. »

Son père a vraiment vécu ce qu'il avait imaginé voir et entendre. C'était l'utilisation constructive de l'imagination et la réponse naturelle de la vie.

Votre imagination est toujours à l'œuvre

Tout les hommes et femmes possèdent la faculté d'imaginer, c'est la faculté primordiale en nous. Imaginez ce qui est aimable et bon. Si votre mère est à l'hôpital, imaginez qu'elle est plutôt à la maison, en train de faire tout ce qu'elle ferait normalement si elle était en santé. Entendez-la vous raconter sa guérison miraculeuse. Rendez le tout réel et vivant, et réjouissez-vous de sa réalité. Vous vous rendrez compte qu'elle confirmera la conviction que vous avez à son sujet.

Le mauvais usage de l'imagination

Plusieurs personnes sont toujours en train de lire des histoires de meurtre, de regarder des films d'horreur, de méditer sur la violence, la méchanceté et la dépravation des assassins, des violeurs et de ceux qui s'adonnent à la pornographie. Souvent, ces gens ont d'épouvantables cauchemars, la nuit.

Lorsque vous voyez ces personnes, soi-disant douces, absorbées par ces histoires de meurtre et ces films sordides, ces expériences leur procurent une sorte de libération indirecte de leur hostilité intérieure, de leur rage et de leur colère réprimée. Ce massacre indirect qui se produit dans leurs esprits suscite des conflits intérieurs et des désordres physiques de tous genres. Ces émotions sont destructrices au plus haut point.

Ayez plutôt une vision amoureuse qui vous enchante et il n'y aura plus de place dans votre esprit pour de telles expériences par procuration de films morbides, horribles et dépravés.

Pourquoi l'orateur n'a pas eu de succès

Un jeune homme qui venait de recevoir son diplôme d'un collège ecclésiastique, éprouvait ce qu'il est convenu d'appeler le « trac ». On lui demanda de remplacer un autre pasteur, un certain dimanche matin. Il m'a confié qu'il eut alors l'image mentale de la défaite, de l'échec et de l'humiliation. Il bégaya, devint muet par périodes et oublia même ce qu'il voulait dire et se mit à transpirer. Il créait lui-même ces images. Cependant, son auditoire était amical, non pas hostile.

Il renversa le processus et commença à se rendre compte que l'Esprit en lui parlait à l'Esprit de tous les membres de la congrégation. Il imagina qu'un cercle de lumière et d'amour enveloppait les participants. Il affirma : « Dieu pense, parle et agit par moi et j'irradie l'amour, la paix et la bonne volonté pour les autres. » Il s'imagina qu'ils souriaient. Dans son esprit, il entendit plusieurs dire : « Ce fut un magnifique sermon. » Il s'imagina que les membres de la direction le félicitaient.

Il continua d'agir ainsi la semaine suivante. Le prochain dimanche il fut accueilli chaleureusement et livra un message splendide. Il s'était servi sagement de son imagi-nation.

Une vieille légende mystique

Dans l'antiquitié, les auteurs de la Bible écrivaient en se servant d'allégories, de fables, de paraboles et de fiction afin d'illustrer les grandes vérités spirituelles et psychologiques. J'ai lu l'histoire qui suit il y a plusieurs années et je vais la résumer dans le langage de tous les jours.

L'ancienne légende racontait que les dieux avaient tenu un conclave secret dans le ciel et avaient décidé que la vieille sagesse de l'antiquité serait donnée à l'homme de manière à ce que, pour la première fois, il sache que le Dieu qui avait créé toutes choses et qui était tout-puissant et toute-sagesse était en lui, l'unique Réalité dans l'homme. Un des dieux les plus jeunes implora ses aînés pour qu'il soit choisi pour transmettre et confier ce merveilleux message au genre humain. Il ajouta qu'il ne craignait ni les obstacles, ni les difficultés, ni les tribulations, car il saurait leur faire face et les surmonter. Les autres dieux votèrent à ce sujet et lui donnèrent la permission de transmettre cet inestimable « Joyau de la vérité » à l'humanité.

Cette occasion le plongea dans la joie et dans l'extase. En arrivant sur la terre, il trébucha et le « Joyau de la Vérité » se brisa et se dispersa en milliers de milliers de particules partout sur le globe. Ceci sema la confusion sur la planète Terre car ensuite et pour toujours, chaque fois que les hommes trouvèrent des particules de ce Joyau, chacun croyait qu'il était le seul à avoir trouvé la Vérité.

Cette histoire est essentiellement celle de cette vieille légende. Aujourd'hui, partout dans le monde, il y a d'innombrables croyances, dogmes, cérémonies, rituels et sectes, et tous prétendent posséder la Vérité. Personne ne possède le monopole de la Vérité. Dieu est la Vérité, aujourd'hui comme hier et pour toujours. On ne peut mettre une étiquette sur la Vérité.

Les anciens disaient : « Quand vous la nommez, vous ne pouvez la trouver, et quand vous la trouvez, vous ne pouvez la nommer. » La racine du mot religion est « attacher ». Votre vraie religion vous attache. Votre religion est l'idée dominante que vous avez de Dieu. À travers le monde, des millions de personnes sont gouvernées par la peur ; d'autres sont gouvernées par la pure superstition.

Votre idée dominante, ou votre conviction, contrôle toutes vos moindres pensées, idées et opinions. La vraie religion est de se rattacher à Dieu. Vénérez un Dieu d'amour dans votre esprit et laissez l'amour de Dieu régner sur toutes vos pensées, vos sentiments et vos actions. Que Dieu soit votre guide, votre conseiller, votre expert en cas de crise et celui qui vous montre la voie. Pensez, parlez et agissez selon le Centre divin en vous et alors vous constaterez que Son nom est Merveilleux. En ayant Dieu comme guide et patron, toutes vos routes seront agréables et tous vos sentiers paisibles.

CHAPITRE 9

LA GUÉRISON EST
DANS L'EXPLICATION

Les pensées ulcéreuses — Il se rendit compte qu'il était ridicule — L'aventure se termina tout de suite — Les guérisons spontanées — Ils étaient paralysés depuis seize ans — L'auto-guérison — L'attention expectative — La valeur du rire — L'hypertension — Elle s'est guérie de sa jalousie — Elle arrêta de se voler elle-même — Le problème était en lui — Cherchez toujours la cause à l'intérieur de vous-même — Vous pouvez faire appel à vos réserves — Le médecin disait qu'elle était prédisposée aux accidents.

Notes personnelles :

Le docteur Phineas Quimby qui commença à enseigner
et à guérir dans l'État du Maine, en 1847, disait souvent :
« La guérison est dans l'explication. » Pour le docteur
Qimby, ceci voulait dire que son explication portant sur la
cause d'une certaine maladie constituait une vérité profonde
qui aidait la personne malade à changer d'idée et à la
conserver ainsi.

La guérison était provoquée par sa vision intérieure.
Lorsque le malade saisissait le sens de son explication, la
guérison était immédiate en ce qui concerne la Vie intérieure.

L'an dernier, alors que je visitais un couvent en
Angleterre, j'ai dit à une fille qui avait perdu la voix
soudainement : « Vous vous sentez coupable. Vous aimeriez
en parler, mais vous avez l'impression que vous ne le
devriez pas et votre subconscient a réagi en conséquence. »
Elle hocha la tête, pour indiquer que j'avais dit vrai.
Aussitôt, elle prit la décision de parler à la Mère Supérieure

158

du couvent et recouvra la voix immédiatement. Dans son cas, la guérison était dans l'explication.

Avec beaucoup d'aplomb et de conviction, le docteur Quimby répétait ces paroles inspirées à quelques-uns de ses malades et obtenait des résultats d'une portée considérable sur leur santé, leur religion et leur mode de vie. Quimby était un clairvoyant. Il disait que le test de la clairvoyance était la capacité de lire une lettre dans la poche d'une autre personne, alors que cette personne ne l'avait pas encore lue.

Les pensées ulcéreuses

Il y a quelque temps, un homme qui me consultait m'a raconté qu'il suivait un régime au lait et qu'il prenait des médicaments pour ses ulcères. Tout bonnement, je lui fis remarquer que les ulcères sont généralement causés par l'inquiétude, la peur, l'anxiété, un profond ressentiment, le stress et la tension. Il m'avoua que ceci était absolument vrai.

La prochaine étape était de lui enseigner que si ces pensées habituelles étaient la cause de ses ulcères, il pouvait renverser sa façon de penser et entretenir régulièrement des pensées de paix, d'harmonie, de bonne action, d'amour, de bonne volonté, de plénitude et de vitalité. Tout ce qu'il avait à faire était de prendre l'habitude de penser de façon constructive et spirituelle. Il attribuait ses ulcères à l'hérédité, à son régime et à d'autres facteurs.

Je lui ai conseillé la façon suivante de prier, à haute voix, trois fois l'après-midi et trois fois le soir avant de s'endormir : *Yahweh est ma lumière et mon salut; qui pourrais-je redouter? Yahweh est le rempart de ma vie; qui me ferait trembler?* (Ps. 27: 1). J'ai une forte conviction nouvelle de la présence de Dieu qui me subjugue, me transporte et me rend insensible, et je me sens serein, confiant et brave. Je sais que je n'ai rien à craindre, rien à fuir, car Dieu est tout ce qui existe et est présent partout.

En lui j'ai la vie, je bouge et suis, donc je ne crains rien. Dieu me recouvre de son amour et son fleuve doré d'amour coule en moi; tout est bien. Je n'ai pas peur des gens, des conditions, des événements ou des circonstances, car Dieu est avec moi. Je repose dans la présence de Dieu, maintenant et pour toujours, et nulle crainte ne saurait m'atteindre. Je n'ai pas peur de l'avenir car Dieu est avec moi. Il est ma demeure et je suis entouré de tout l'amour de Dieu. Dieu m'a créé et m'entretient. La sagesse de Dieu me dirige et me guide; ainsi, je ne peux tomber dans l'erreur. Dans mon cœur, je connais cette grande vérité: Il est pour moi plus près que mon souffle, plus près que mes mains et mes pieds.

Il utilisa cette méthode régulièrement et, après une période de temps raisonnable, son médecin étonné le prononça guéri. La guérison était dans l'explication. Les paroles clarifiantes de la vérité accomplissent des miracles quand elles sont acceptées par l'esprit d'un malade ou d'une personne confuse.

Il se rendit compte qu'il était ridicule

Dernièrement, un homme d'affaires m'avouait franchement qu'il souhaitait l'échec d'un concurrent installé dans la rue en face de lui. Il me donna comme raison que les prix de l'autre étaient plus bas que les siens. Pour la même marchandise, il demandait des prix beaucoup plus bas.

Je lui ai expliqué que son attitude était très idiote, parce qu'il souhaitait à l'autre ce qu'il se souhaitait à lui-même. Il était le seul penseur dans son monde et, parce que ses pensées sont créatrices, il s'attirait la pénurie, la perte et la limitation, de même qu'il s'appauvrissait lui-même.

Il se rendit immédiatement compte de la situation. Son concurrent croyait évidemment au succès, à la prospérité, à l'expansion et, par conséquent, ne pouvait recevoir ses pensées négatives d'échec. Il constata sa folie et comprit immédiatement la cause du ralentissement de ses affaires. Il se débarrassa rapidement de ses pensées négatives et pria pour la prospérité et le succès de son concurrent. C'est alors qu'il découvrit que lui aussi était prospère.

Vouloir du bien aux autres est le vouloir pour soi également. La prière est toujours prospère. Pour emprunter un vieux dicton : « Le bateau qui arrive chez votre frère, arrive chez vous aussi ». La guérison est dans l'explication.

L'aventure se termina tout de suite

Une jeune secrétaire me confiait qu'elle avait un penchant pour un ingénieur dans son bureau. Dans ses propres mots, elle était « très amoureuse de lui ». Elle avait prié pour être guidée et bien agir dans toutes ses entreprises, à l'aide du 91e Psaume *, soir et matin.

Un jour, soudainement, l'idée lui vint de consulter sa fiche dans les dossiers du personnel et elle découvrit qu'il était déjà marié et père de deux enfants. Elle se rendit compte qu'elle avait été trompée par des promesses de mariage, d'une nouvelle maison, etc. Elle vit sa situation fâcheuse et « l'aventure » se termina tout de suite. Rien ne produit des résultats aussi rapides que la vérité. Son Moi Supérieur lui avait apporté une réponse.

Les guérisons spontanées

Il y a quelques mois, au cours d'une tournée de conférences à Vienne, en Autriche, j'ai eu une conversation très intéressante avec une femme d'affaires. Elle me raconta que dix ans auparavant, alors qu'elle était clouée au lit, il y avait eu un incendie chez elle alors qu'il n'y avait personne pour la secourir. Elle s'était levée de son lit, avait réussi à descendre quatre étages vers la sécurité, sans tomber.

---

* Voir *Songs of God*, par le docteur Joseph Murphy, DeVorss and Company Inc., Marina del Rey, Californie, 1979.

Tout ce qu'elle avait dit comme prière lorsque la conflagration se produisit, était ceci : « Que Dieu vienne à mon secours.» La Puissance a répondu. La Présence et le Pouvoir infinis de la guérison étaient toujours là, mais elle ne s'en était pas servi jusqu'à ce que le feu se déclare et la pousse à réclamer la Divine Présence. L'Esprit, ou Dieu, ne peut être paralysé.

Les annales de la médecine sont remplies d'exemples où, en cas de choc, d'incendie ou d'urgence, les infirmes marchent et courent. Il est nécessaire d'être conscient de la Présence de la Guérison en soi. Il n'est plus nécessaire alors de provoquer l'activité chez les gens.

Ils étaient paralysés depuis seize ans

Le docteur Evelyn Fleet, de Londres, m'a raconté que lorsqu'elle était en devoir dans les rues de Londres durant la deuxième Grande Guerre, une bombe tomba sur l'aile d'un des hôpitaux et que quinze paralytiques sans espoir dont certains étaient cloués au lit depuis seize ans, s'étaient précipités dans les escaliers jusque dans la rue. L'un d'eux avait dit : « Oh! Je ne devrais pas marcher, je suis paralysé.» Il eut immédiatement une rechute mais les quatorze autres ont été complètement guéris. Il s'agissait de guérisons instantanées.

Plusieurs personnes dans le monde pourraient être guéries rapidement si elles le désiraient vraiment. Un grand nombre ne font pas d'efforts car elles ont des intentions et des motifs cachés. Autrement dit, plusieurs personnes ne veulent pas être guéries. Il existe une aide merveilleuse et des ressources infiniment abondantes pour tous ceux qui mettent leur confiance et leur foi dans l'Infinie Présence de la Guérison dans chacun de nous.

L'auto-guérison

L'auto-guérison signifie le réveil de notre esprit à la vérité qui nous libère, la croissance en nous de la puissance de guérison de Dieu, qui nous rend la santé, et nous répond lorsque nous le lui demandons. Afin de vous unir à ce pouvoir, déclarez avec audace : « JE SUIS Esprit et je puis maintenant puiser dans la Vie Infinie. » C'est alors que vous renverserez la marée.

Souvenez-vous aussi que la grande majorité des malades sont guéris sans l'aide de qui que ce soit, et les médecins le savent. La tendance de la vie est de guérir et de corriger. Nos craintes sont en grande partie empruntées. En réalité, elles ne sont que peu fondées.

L'attention expectative

On reconnaît généralement que pour que la suggestion du thérapeute soit efficace dans l'esprit de celui qui la reçoit, il faut des conditions préalables comme la foi et l'espérance. En réalité, l'attitude favorable et réceptive de celui qui reçoit est de l'autosuggestion. Cette autosuggestion explique plusieurs merveilles qui se produisent dans les lieux sacrés de pèlerinage où de soi-disant miracles ont été constatés.

La valeur du rire

L'article suivant a été publié dans le *Mercury* de San Jose, dimanche le 7 octobre 1979, par Sandy Rovner du journal *The Washington Post* :

« C'est en se décontractant qu'il a pu se remettre en place »

Normand Cousins est professeur de rire à la faculté de médecine de l'Université de Californie à Los Angeles.

Bien sûr, vous allez dire Ho ! Ho ! Ho !

En vérité, ceci n'a rien de mauvais.

Les gros rires gras ont fait de lui ce qu'il est aujourd'hui, et il sera le premier à vouloir vous raconter comment.

Il y a quelques années, il n'était encore qu'un géant littéraire américain, depuis environ 40 ans éditeur du *Saturday Review of Literature*, critique, philosophe, apôtre de la collaboration internationale.

Et, j'oubliais, auteur de canulars (c'est un mot qu'il aime) dans les pages du *SRL*, le jour du Poisson d'Avril et en d'autres occasions aussi. Canulars discrets, naturellement, comme les « Ninas dans les Hershfelds » : Si vous ne saviez pas qu'ils étaient là, vous ne vous en seriez probablement pas rendu compte.

Puis, il tomba malade. À tel point que les médecins l'avaient presque abandonné. Tout ce qu'ils savaient c'est qu'il souffrait d'une dégénérescence du collagène. Le collagène est une substance qui garde les cellules du corps ensemble. Pour utiliser sa propre expression, Cousins « se décollait » littéralement.

La médecine ne pouvait l'aider et son état empirait. Se basant sur ses propres lectures et sur d'urgentes recherches faites sur place, il vint à la conclusion de balancer les médicaments qu'il prenait (y compris l'aspirine) et d'essayer la vitamine C pour son mal, et le rire pour sa douleur.

Allan Funt (« Candid Camera ») avec l'aide de quelques vieux films des Frères Marx s'occupa du rire et un médecin compréhensif et sympathique lui fit des injections intraveineuses d'acide ascorbique.

Ce qu'il y a de plus étonnant dans toute cette histoire c'est que seuls quelques esprits de contradiction disent qu'il était pour guérir de toute façon.

Mais, Cousins n'est pas surpris du tout. Il est « gratifié », dit-il, que le prestigieux Journal Médical de la Nouvelle-Angleterre publie l'article qu'il avait écrit au sujet de son expérience, que, cet été, le non moins prestigieux Journal de l'Association Médicale Américaine fit de même, et que 14 éditeurs se disputèrent les droits du livre récemment paru : « *Anatomy of an Illness as Perceived by the Patient*, W.W. Norton. Il prononce des conférences à l'occasion de conventions de médecins, y compris celles de l'*AMA*, et il enseigne dans une école de médecine.

Il croit avoir trouvé quelque chose d'important, opinion de plus en plus partagée dans les milieux médicaux.

« N'importe quel étudiant en médecine », de dire Cousins, « peut vous faire l'horrible nomenclature de toutes ces choses terribles qui se produisent lorsque le corps est sous l'impact d'émotions négatives : peur, haine, rage, exaspérations, frustration. On vous parle de rétrécissement des vaisseaux sanguins, de la hausse de la tension artérielle, de l'excès d'acide chlorhydrique, de l'épuisement surrénal, d'indigestion et de maux de tête.

« Mais nous ne savons pas encore assez que le corps ne peut fonctionner sur une seule longueur d'onde. Il ne répond tout simplement pas à des émotions négatives, il répond aux émotions positives. Il est impossible d'avoir l'une sans l'autre. Mais l'effet salutaire n'est pas très bien compris. »

Cousins sait que tout doit venir de l'intérieur, et c'est là le concept qu'il essaie de transmettre aux étudiants en médecine auxquels il s'adresse.

« J'enseigne la plupart des choses qui se rapportent à la bonne pratique de la médecine et que l'on n'enseigne généralement pas dans les écoles de médecine : le concept de la responsabilité du malade, l'art d'écouter les gens, le respect de la vie, l'importance de la compassion, la nécessité de recourir pleinement au propre mécanisme de guérison du malade, le besoin de faire comprendre au malade comment se servir de son propre mécanisme de guérison.

« Le médecin, d'ajouter Cousins, accomplit un meilleur travail quand le, ou la malade fait sa part. Ce n'est pas seulement une question d'obéissance... Pendant longtemps le centre de gravité des soins médicaux était en dehors de l'individu, symboliquement représenté par le médecin qui disait : Venez à moi et je vous guérirai ; ou par un médicament qui disait : Prends-moi et tu te sentiras mieux.

« Il faut se rendre compte que lorsque les gens sont malades, ce n'est pas simplement à cause d'un microbe, mais parce que leur vie a dépassé ses limites. Et si vous voulez les aider à venir à bout de la tension, vous devez leur donner un côté de la vie qu'ils trouveront agréable.

« Ainsi, la médecine est incomplète quand elle veut s'occuper des effets seulement... heureusement, la médecine aujourd'hui tend à mieux respecter l'immunologie. Lorsque vous parlez de fortifier les mécanismes immunologiques du corps, il ne s'agit pas seulement des facteurs physiques ; il vous faut aussi parler des facteurs émotifs et spirituels. »

À l'Université de Los Angeles en Californie, on dit de Cousins qu'il est une Ressource de Soutien émotionnel.

« Cependant, de dire Cousins, le rire est très facilement déprécié, simplement parce qu'il semble facile. Mais il a tendance à être en quelque sorte un symbole des choses élevées de la vie. Il s'apparente à la joie, à l'optimisme, au désir de vivre. Il tend à cristalliser un très grand nombre de choses, du moins comme l'expression la plus visible des bonnes choses qui se produisent à l'intérieur de vous-même.

« Donc, alors que la maladie n'est pas un objet de rire, peut-être devrait-elle l'être... »

L'hypertension

Au cours d'une conversation que j'ai eue avec un homme qui souffrait d'un cas aigu de haute pression artérielle, je lui ai fait part de l'opinion de plusieurs médecins qui disent que le ressentiment est l'une des principales caractéristiques de la personnalité de ceux qui font de la haute pression. Cet homme souffrait non seulement d'hypertension chronique, mais aussi de spasmes cardiaques fréquents.

Cet homme avait été trompé et dépouillé d'une grosse somme d'argent et, comme il disait, il cherchait à se venger. Je lui ai expliqué que s'il voulait être complètement guéri, il devait suivre la recommandation de la Bible :... *La vengeance m'appartient ; c'est moi qui punirai, dit le Seigneur* (Rom. 12 : 19). Dans la Bible, la signification spirituelle du mot *vengeance* est de justifier, de faire valoir. Il signifie la victoire de la vérité sur l'erreur ou sur toute situation négative. La Vérité d'Être et la bonté de Dieu se font valoir dans nos vies quand nous nous tournons vers Dieu et demandons à l'Amour divin de baigner notre être tout entier.

Je lui ai suggéré de remettre complètement à Dieu l'homme qui l'avait fraudé, lui souhaitant la paix et l'harmonie, et de se dire souvent à lui-même : « La paix de Dieu remplit mon esprit et mon cœur, et mon âme baigne dans l'amour de Dieu. »

Grâce à la fréquente présence de ces vérités dans son esprit, il découvrit la paix et la tranquillité intérieures. Chaque fois qu'il pensait à l'homme qui l'avait trompé, il lui souhaitait du bien en affirmant : « Que la paix de Dieu remplisse ton âme. » En changeant son esprit, il changea son état physique et finit par se guérir lui-même.

Le Seigneur est la loi de la vie. Lorsque quelqu'un fait un mauvais usage de la loi, celle-ci rétablira toujours les choses car l'action et la réaction sont égales. Toute vie a tendance à guérir et à se rétablir, mais nous devons permettre au Principe de Vie de guérir sans la gêner.

Cet homme a vu le ridicule de vouloir se venger de l'autre en payant quelqu'un pour le malmener physiquement. Il se rendit compte que le fait de broyer du noir était la cause de sa maladie et que lui seul en était l'auteur. Il se volait à lui-même sa santé, son discernement et sa paix d'esprit, et il s'appauvrissait dans tous les domaines.

La guérison est dans l'explication et rien n'est laissé au hasard. Tout ce qui nous arrive est dû à notre propre état d'esprit. Autrement dit, l'équivalent se trouve dans notre esprit. Si nous sommes en humeur de perte et de désespoir, nous suscitons la perte dans tous les domaines. Si nous vivons dans la crainte d'être trompés, fraudés, volés, etc., il nous faut comprendre que nous attirons ce que nous craignons. Ceci est une vérité cardinale et fondamentale. Par conséquent, nous devons accepter la responsabilité de ce qui nous arrive. Cessez de blâmer les autres, car cette habitude ne fera que multiplier les problèmes.

Elle s'est guérie de sa jalousie

Je donnais récemment une conférence à Zurich, en Suisse, et une jeune femme médecin m'a dit : « Je m'étais rendu compte que je faisais du ressentiment et que j'étais jalouse d'une de mes collègues à la clinique. J'ai lu votre livre, *The Power of Your Subconscious Mind** et me suis demandé : Qu'est-ce qui m'arrive ? Mes pensées sont créatrices. Je suis en train de créer ma perte et de m'imposer des limites. Je me dis qu'elle peut être promue à l'hôpital et que je ne le peux pas. Je me rétrograde. J'ai cessé de le faire. »

Elle avait fait un peu d'auto-analyse, ce qui est bon pour chacun de nous. Lorsque vous constatez que vous êtes en train de créer des prisons mentales, commencez plutôt à vous nourrir du pain céleste, le pain de la paix, de l'harmonie, de l'amour et de la bonne volonté envers tous. « J'ai conduit le bateau de mon frère jusqu'au rivage et voilà que mon propre bateau était là également. »

Elle arrêta de se voler elle-même

Une secrétaire broyait du noir parce qu'elle n'avait pas été promue. Une autre fille qui avait beaucoup moins d'expérience avait été promue à sa place, avec un meilleur salaire et plus de prestige. Elle ne savait pas qu'elle se volait elle-même à cause de son ressentiment.

La guérison est dans l'explication. Elle commença à comprendre que lorsqu'elle broyait du noir à cause de sa perte et qu'elle faisait du ressentiment au sujet du gain ou de l'avancement d'une autre et qu'elle attribuait complètement aux autres la cause de ses problèmes, elle se volait à elle-même une promotion, de l'avancement et la santé. Son attitude perdante lui attirait encore plus de perte et de limitation.

---

* Voir *The Power of Your Subconscious Mind*, par le docteur Joseph Murphy, Prentice-Hall Inc., Englewood Cliffs, N.J., 1963.

Je lui ai aussi expliqué que lorsqu'elle se vole elle-même dans ses pensées et ses sentiments, cette attitude mentale se confirmerait et se manifesterait sous forme de perte ou de rétrogradation aux mains des autres ou par des situations ou des événements négatifs.

Elle fit la paix dans son esprit et constata qu'elle se promouvait elle-même et ne comptait plus sur les autres pour son progrès et son avancement. Aujourd'hui et avec beaucoup de succès, elle administre son propre bureau chez elle. Elle a rajusté son sens des valeurs et triomphe dans l'art de vivre. Son expérience lui a grandement servi pour réveiller les pouvoirs de l'esprit qui dormaient en elle.

Le problème était en lui

Un collégien m'avait été envoyé par ses parents pour que je le conseille. J'ai découvert que ce jeune garçon éprouvait un profond ressentiment envers ses parents. Son frère était un brillant étudiant qui méritait d'excellentes notes et les louanges de ses professeurs. Ses parents vantaient son frère, mais ils ne le faisaient jamais pour lui et ne lui parlaient jamais avec bonté.

Il contre-attaquait à sa façon. Il devint membre d'un culte, sachant fort bien que cela les irriterait. Il se mit aussi à fumer de la marijuana, ce qui rendit ses parents encore plus furieux. Il faisait l'école buissonnière de temps à autre et fréquentait une salle de billard. Il se mit à voler de l'argent à sa mère, même s'il recevait une généreuse allocation. En réalité, il essayait de voler de l'amour.

Encore une fois, nous devons conclure que la guérison est dans l'explication. Il se rendit compte pour la première fois que son hostilité et son ressentiment inconscients envers ses parents minaient ses propres tissus et l'affectaient mentalement et émotivement. Il apprit les effets nuisibles de la marijuana sur le cortex de son cerveau, ses effets de dégénérescence sur ses organes sexuels et ses effets destructeurs sur tous les organes de son corps, tel que rapportés par la plupart des autorités médicales au pays et à l'étranger.

J'ai parlé avec les parents de ce garçon et ils changèrent d'attitude. Ils cessèrent de faire des comparaisons entre les deux frères, car ils ne faisaient que susciter l'envie et la réprobation, et le jeune homme cessa d'être antisocial et de s'empoisonner mentalement et physiquement.

Il pratique aujourd'hui le traitement du miroir, c'est-à-dire qu'il se regarde dans le miroir tous les matins et affirme pendant cinq minutes environ : « JE SUIS un fils du Dieu Vivant. Dieu m'aime et me protège. J'exalte Dieu en moi. » S'il continue, cette prière deviendra une habitude, et il est impossible de penser à deux choses en même temps. Lorsqu'il est enclin à la colère, tout ce qu'il a à faire est de dire : « J'exalte Dieu en moi, » et sa pensée de haine ou de colère se transforme en énergie spirituelle constructive. Un jour, il accomplira de grandes choses.

Cherchez toujours la cause à l'intérieur de vous-même

J'ai parlé avec des filles qui avaient épousé des hommes de nationalité, de religion et de culture différentes, dans le seul but d'irriter et d'indisposer leurs parents. Le problème est qu'elles ne connaissent pas le Moi Véritable en elles : Dieu.

Quand elles auront appris à louer la Présence Divine, l'Esprit-Vivant, leur Réalité, elles respecteront automatiquement la Divinité dans les autres. Le criminel se hait lui-même et propage cette haine parmi les autres. Il n'a jamais trouvé son Moi véritable, c'est-à-dire Dieu, en lui.

Les filles et les garçons qui ont été maltraités, négligés et qui ont manqué d'amour au foyer, deviennent des inadaptés, des fauteurs de trouble à l'école, des agitateurs et ils sont enclins à se battre, à voler et à mentir. Ils cherchent à attirer l'attention et à être remarqués, mais ils le font de la mauvaise manière. Ils ne savent pas que c'est leur état d'esprit qui les désorganise complètement.

En vérité, il n'y a personne d'autre à changer qu'eux-mêmes. Quand nous avons une mauvaise attitude envers la vie et les gens, tout va mal. Voyez à quel point, lorsque vous êtes divinement guidé, tous vos chemins sont des chemins agréables et tous vos sentiers sont paisibles et harmonieux. Souvenez-vous que vous êtes l'auteur de votre propre succès, de votre bonheur et de votre propre paix d'esprit.

Il est sage de savoir que votre succès et votre prospérité dans la vie ne dépendent pas de ce que les autres pensent ou font, ni de ce qu'ils ne pensent pas ou ne font pas. Sachez aussi que vous êtes né pour gagner, pour réussir et triompher de tous les obstacles. Votre succès dépend de votre état d'esprit et de vos convictions sur Dieu, la vie et l'univers. Dieu réussit toujours tout ce qu'il entreprend, et Dieu habite en vous.

Lorsque vous continuez de savoir, sentir et croire que tout vous est possible grâce à la Puissance de Dieu qui vous en donne la force, vous constaterez que vous vous élevez dans l'échelle de la Vie, peu importe ce que disent ou font les autres, et peu importe ce qu'ils ne disent pas ou ne pensent pas. Sachant que Dieu est la Source de tous vos bienfaits, vous serez libéré complètement de la jalousie, de la haine, ou ressentiment et de l'hostilité. Décidez de vous tourner vers l'Infini pour tout ce qui est bon pour vous et vous ne serez jamais déçu.

Vous pouvez faire appel à vos réserves

Dans les profondeurs de votre esprit, il y a un réservoir inexhaustible de sagesse et d'énergie. Par exemple, toutes les armées en marche s'assurent que les réserves sont là et prêtes à intervenir au besoin. C'est ce qui donne de la confiance et de l'assurance au général en chef.

Dieu habite en vous et tous les pouvoirs, qualités et attributs de Dieu sont en chacun de nous. Chacun de nous vit, se meut et existe dans cet Être Infini qui a créé toutes choses et vit réellement en nous. Emerson a dit : « Il y a un guide pour chacun de nous et si nous écoutons silencieusement, nous entendrons les bonnes paroles. »

Alors qu'un voleur s'attaquait à sa bourse, une jeune fille a dit : « Dieu me protège. Il me surveille. » Son attaquant a pris la fuite. Elle a fait appel à ses réserves et fut exaucée. Il existe un univers réciproque : l'action et la réaction sont égales toujours et partout. Au moment critique, elle a lancé un appel au Tout-Puissant et celui-ci lui répondit en la libérant de son agresseur.

Commencez chaque jour en pensant à Dieu et à son amour pour vous. Souvenez-vous aussi d'une simple vérité : « Le commencement de toutes manifestations ou phénomènes dans cet univers matériel est une pensée ou une parole ; et, la parole est la pensée exprimée. La cause première est votre pensée. Dieu est la Puissance Créatrice en vous. Le pouvoir en vous et le seul pouvoir immatériel que vous connaissez est votre pensée. Votre pensée est créatrice, et vous êtes ce que vous pensez le jour durant.

Le médecin disait qu'elle était prédisposée aux accidents

Une femme qui étudiait souvent des revues sur l'astrologie avait lu que les signes indiquaient qu'elle pouvait avoir un accident. Elle devint pleine d'inquiétudes et dans un seul jour elle eut trois accidents successifs d'automobile. Le lendemain, elle tomba et se coupa gravement. Elle se brûla les mains en faisant la cuisine.

Je lui ai expliqué que l'idée dominante dans son esprit contrôlait toutes ses pensées de moindre importance, ses idées, ses actions et ses réactions. Sa première idée était qu'elle aurait un accident, et cette croyance fit que l'accident se matérialisa.

Elle changea d'état d'esprit et décida de connaître un meilleur sort et la protection divine en affirmant ces vérités plusieurs fois par jour : l'idée dominante que l'Amour de Dieu la protégeait et que tout l'arsenal de Dieu l'entourait pour lui apporter la chance et déterminer son avenir.

Sa croyance est à la base de son expérience... *Va, qu'il te soit fait selon ta foi ; et le serviteur se trouva guéri à l'heure même...* (Matt 8 : 13). Comme tout ce qui nous arrive est conforme à nos croyances, ceci n'a rien à voir avec la configuration des étoiles et des planètes, non plus qu'avec les circonstances, les conditions ou événements, ou avec nos gènes, ou toutes autres choses sur la surface du globe. Votre croyance est votre état d'esprit. Si vous acceptez la vérité dans votre esprit, vous acquerrez la force et la confiance.

Voici la prière qu'utilisa cette femme « prédisposée aux accidents » et qui renversa son état d'esprit pour lui donner la paix dans l'âme : « *Dieu est tout ce qui existe. La majorité c'est d'être avec Dieu. Si Dieu est pour nous, qui sera contre nous ?* (Rom. 8 : 31) Je sais et je crois que Dieu est l'Esprit-Vivant Tout-Puissant, l'Éternel Toute-Sagesse, et nul pouvoir ne peut défier Dieu. Je sais et j'accepte que lorsque mes pensées sont les pensées de Dieu, la Puissance de Dieu accompagne mes pensées. Je sais que je ne puis recevoir ce que je ne peux donner, et je donne des pensées d'amour, de paix, de lumière et de bonne volonté à cette personne, ou à ces personnes (mentionnez le nom ou les noms) ainsi qu'à tous les autres. Je suis immunisée et intoxiquée par Dieu, et je suis toujours entourée par le cercle sacré de l'amour de Dieu. Toute l'armure de Dieu m'entoure et m'enveloppe. Je suis divinement guidée et dirigée, et j'entre dans la joie de vivre. ... *Car la plénitude des joies se trouve devant ta force, et les délices dans ta droite, à tout jamais* (Ps. 16 : 11).

CHAPITRE 10

LE LIVRE DE LA VIE

Comment fonctionne votre esprit — Quand vous changez de nom — Que croyez-vous — Né pour vaincre — Les sept sceaux — Qui êtes-vous? — Découvrez-vous vous-même — Une mer de feu.

Notes personnelles :

_____

_____

_____

_____

_____

_____

_____

_____

_____

_____

_____

_____

_____

_____

_____

_____

_____

_____

Phineas Parkhurst Quimby, le plus célèbre guérisseur spirituel d'Amérique disait, en 1847, que les enfants sont comme de petites tablettes à écrire sur lesquelles tous ceux qui passent inscrivent quelque chose. Nous sommes tous nés sans croyances religieuses, sans peurs, sans préjudices ou préjugés raciaux. Quand nous étions petits, nous étions très impressionnables, malléables et sujets aux enseignements et croyances de tous ceux qui contrôlaient notre vie. Les enfants grandissent à l'image et à la ressemblance du climat mental et émotionnel qui prédomine à la maison. Le premier langage que vous avez parlé vous a été transmis par vos parents.

Votre esprit subconscient est un livre de loi, et les impressions et créations dominantes de votre esprit deviennent les forces qui dirigent et gouvernent votre vie. En parlant et en donnant des conseils à plusieurs personnes au fil des années, j'ai découvert que la principale raison pourquoi plusieurs ne font pas de progrès dans la vie et ne sont ni en santé ni prospères, c'est que lorsqu'ils étaient très jeunes, au plus profond de leur esprit (le subconscient) ils avaient retenu des sentiments de médiocrité, de manque de mérite et d'infériorité, qui gouvernaient leurs choix dans la vie et leurs réactions, les empêchant de connaître le succès et la prospérité.

Sigmund Freud, le grand psychopathologiste, remarqua que nous sommes tous gouvernés par des impulsions subconscientes qui sont pour la plupart déraisonnables, ce qui veut dire que la majeure partie des croyances religieuses, des tabous et restrictions qui nous ont été enseignés dans notre jeunesse sont illogiques, non raisonnables, non scientifiques et tout à fait contraires au simple bon sens. Par exemple, un homme me disait : « Ce n'est pas bien que je fasse autant d'argent. » Parce qu'il insistait pour penser ainsi il finit par perdre son entreprise sans savoir pourquoi. Cependant, il apprit difficilement que son esprit subconscient accepte littéralement ce qu'il pense et dit, et que tout ce qu'il transmet à son esprit subconscient se réalisera, qu'il s'agisse de quelque chose de bon ou de mauvais.

Sa famille aurait pu utiliser cet argent et il aurait pu s'en servir pour faire beaucoup de bien, mais, dans son subconscient ses impressions et fausses croyances contrôlaient encore ses actions longtemps après qu'il eut oublié ce que sa mère lui avait dit. Il ne pouvait réussir parce qu'il se répétait sans cesse à lui-même : « C'est mal de faire tant d'argent. L'argent est mauvais. » Ceci était gravé comme sur un disque au plus profond de son esprit, et c'est ce qu'il entendait.

Il apprit qu'il n'y a rien de bon ni de mauvais ; c'est la pensée qui décide. Il n'y a rien de mauvais dans l'univers, car le bon et le mauvais sont des mouvements de l'esprit lui-même, en fonction de l'Être Unique, Dieu, l'Esprit Vivant qui est complet, pur et parfait. L'usage qu'on en fait détermine si une chose est bonne ou mauvaise. Comment utilisez-vous votre Pouvoir ? Si vous utilisez le Pouvoir Unique de façon constructive, il s'appellera Dieu, Allah, Brahma, paix, harmonie et prospérité. Si vous utilisez le

Pouvoir Unique de manière négative, ignorante et malicieuse, vous connaîtrez la pauvreté, les obstacles, les affections et la maladie. C'est ce que le monde appelle satan, le diable, l'enfer, etc. et tous sont des états d'esprit. Le mot *satan* signifie errer, glisser, dévier de la vérité.

En continuant de lire ce chapitre, vous découvrirez la vérité au sujet du Livre de la Vie. Souvenez-vous que lorsqu'une personne est craintive, soupçonneuse ou courroucée, elle agit et réagit de façon anormale même si les circonstances ou les conditions ne justifient pas un tel comportement. Ce qui est écrit dans son Livre de la Vie (son subconscient) devient la loi qui gouverne ses expériences et ses rapports avec les autres.

Comment fonctionne votre esprit

Le livre de la Vie est votre esprit subconscient, et vous êtes toujours en train d'écrire dans ce livre selon la nature de vos pensées habituelles et de votre imagination. Shakespeare a dit : « Qu'y a-t-il dans un nom ? » Eh bien, quand je mentionne votre nom, je fais état de votre sexe, votre nationalité, votre passé, votre formation, votre éducation, votre situation financière, votre statut social, et de toutes les autres choses qui se rapportent à vous.

Quand votre esprit conscient et votre subconscient fonctionnent harmonieusement dans la paix et la joie, les enfants de cette union sont le bonheur, la tranquillité, la santé, l'abondance et la sécurité. Une relation discordante entre l'esprit conscient et l'esprit subconscient, est une source de misère, de douleur, de souffrance, d'affections et de maladie dans votre existence.

Abram quitta Ur, en Chaldée. Ur signifie la sorcellerie, la magie noire, le culte des étoiles, des idoles et de choses semblables. Abram changea son nom pour Abraham, nom qui veut dire père de la multitude et qui indique le seul Dieu, la Présence et le Pouvoir unique.

Nous sommes tous les enfants du Dieu unique. C'est l'unité de la vie tout entière. Tous les hommes et femmes sont frères et sœurs : même esprit, même intelligence et même substance. Par conséquent, blesser les autres, c'est se blesser soi-même ; faire du bien aux autres, c'est se faire du bien à soi-même.

Il vous est possible d'écrire un nouveau nom, une nouvelle évaluation et un nouveau plan de vous-même. Faites-vous une nouvelle conception de vous-même. Ceci est-il assez élevé, assez noble ou assez grand pour vous sauver, pour entraîner une transformation intérieure dans votre cœur, votre esprit et tout votre être ? Aujourd'hui, il y a autant d'idoles qu'il y en avait en Chaldée, il y a des milliers d'années. La superstition règne. Il y a toujours de faux dieux, comme : « Cette température me fera attraper un rhume, » ou « j'attraperai une pneumonie si je me mouille les pieds. » Certains ont peur des germes et lorsque quelqu'un éternue, ils craignent d'être infectés par le virus. Si vous demandez à la personne qui a été exposée : « Avez-vous attrapé le virus, cette année ? », elle vous répondra : « Non, pas encore. » Cependant, elle anticipe l'infection. Vous recevez toujours ce que vous attendez.

Il y a des gens qui disent : « Je ne connais pas le bon député. Je n'ai pas d'influence. Je ne peux obtenir ce poste. » Ces gens ignorent le Pouvoir Créateur en eux. Ils disent que ce Pouvoir est tout-puissant et suprême, mais ils l'ignorent en même temps. S'il est suprême et tout-puissant, rien ne peut s'y opposer ou le défier. Donc, il faudrait dire : « L'Esprit Infini m'ouvre la porte, me révèle mes talents cachés et m'enseigne la voie que je dois suivre. » C'est exactement ce que l'Esprit Infini fera pour vous.

Il y a des députés qui parlent et qui touchent du bois quand ils disent des choses négatives, comme si le bois possédait quelque pouvoir. Donnez-vous du pouvoir à d'autres ? À l'atmosphère ? À la température ? Toutes ces choses sont inoffensives. Elles n'ont pas de pouvoir. Le pouvoir est en vous.

Quand vous changez de nom

Le nom de Saül devint Paul. La signification de Paul est
« Petit Christ, » et plusieurs miracles sont attribuables à la
main de Paul. Paul a reçu l'illumination sur le chemin de
Damas, mot qui signifie une transformation du sang, ou
retour à la vie. Ceci veut dire une illumination mystique où
votre esprit, ou intellect, est inondé de la lumière de Dieu,
faisant de vous un homme transformé. Parfois, ceci se
produit en un clin d'œil, comme ce fut le cas pour sainte
Thérèse et plusieurs autres.

Paul est devenu un homme changé. Il n'était plus
l'assassin qui faisait exécuter les gens. Il était transformé. Il
était éclairé de Là-Haut. Vous pouvez vous adresser au
tribunal et changer de nom chaque année, si vous le
désirez. Cependant, ceci n'a aucune signification. En vérité,
ceci est absolument inutile. Vous devez changer votre
nature, votre disposition, votre point de vue et l'opinion
que vous avez de vous-même. La transformation doit se
faire de l'intérieur. C'est alors que vous aurez vraiment
changé de nom, ou de nature.

Il y a quelque temps un homme me rendit visite. Il
s'agissait d'un cynique grincheux qui, généralement,
grognait devant sa secrétaire et les vendeurs quand il
entrait au bureau. Si quelqu'un lui disait : « C'est une belle
journée », il répondait : « Et puis, après ? » Quand il prenait
son petit déjeuner, il se cachait derrière son journal pour ne
pas voir sa femme. Les œufs et le bacon n'étaient jamais à
son goût. C'était un authentique grincheux, laid et
désagréable.

Je lui ai donné les directives suivantes : « Quand vous
descendrez le matin, vous embrasserez votre femme, lui
direz qu'elle est belle et que le repas est délicieux. Alors, il
est probable qu'elle s'évanouira. » L'homme répondit :
« Eh bien, je serais un hypocrite si j'agissais ainsi. » J'ajoutai :
« Allez-y quand même. Commencez. Brisez la glace dans
votre cœur, et lorsque vous arrivez au bureau, dites à votre

secrétaire qu'elle a de très beaux cheveux, ou de très beaux yeux. Elle possède sûrement quelques qualités. Puis, soyez aimable, courtois et affable envers les vendeurs. »

Au bout d'un mois de pratique, cette attitude s'ancra dans son esprit subconscient et il fut transformé : aimable, affable, gentil et philosophe. Certains disaient : « Quelle mouche l'a piqué ? » D'autres affirmaient : « Il est en amour. » En effet, je crois qu'il était en amour avec son Moi Supérieur.

« Ce qui m'a conduit jusqu'ici me montrera le reste du chemin. » Quelle vérité splendide ! Un professeur m'a écrit de l'Alabama et je lui ai répondu cette simple vérité. Il me disait que son immeuble était aux trois quarts terminé mais qu'il était maintenant aux prises avec une grève : il n'avait pas l'argent nécessaire et ne savait plus quoi faire. « Ce qui m'a conduit jusqu'ici me montrera le reste du chemin. »

Il me répondit : « Ceci n'est pas exact. Vous deviez dire, *celui* qui m'a conduit me montrera le reste du chemin. » J'ai rétorqué : « Non. J'ai dit littéralement ce que je voulais dire. » Il ne s'agissait pas d'un lapsus. C'était délibéré car je parle d'un Principe, d'une Présence impersonnelle qui ne fait pas acception de personnes, une Présence et un Pouvoir universels dont nous pouvons tous nous servir. Le coupe-gorge, le mendiant, le voleur, le saint homme, l'athée ou l'agnostique, tous les hommes peuvent s'en servir. Tous les hommes peuvent s'y brancher.

Dieu n'est pas une personne, donc nous ne disons pas : « Notre Père qui (who) êtes aux cieux. » Nous disons : « Notre Père, lequel (which) est aux cieux, » ce qui dénote une Présence et un Pouvoir impersonnels : une Vie Infinie et une Intelligence Infinie. Vous voyez donc que son concept était celui d'un homme-Dieu quelque part dans la voûte céleste. Cependant, il pratiqua ce que je lui avais suggéré et découvrit qu'il attira les fonds nécessaires pour terminer son entreprise.

Que croyez-vous

Cette Présence Universelle crée à partir d'elle-même en devenant cette chose spécifique à créer. Autrement dit, Dieu se fait homme en croyant être Lui-même un homme. Dieu crée de Lui-même un être capable de lui retourner la gloire, la lumière et l'amour. Abraham connaissait le Pouvoir Créateur. Il en était conscient et le démontra au cours de sa vie. Il croyait que l'esprit le guiderait et le dirigerait, et, naturellement, c'est ce qui lui est arrivé.

Platon, Aristote, Plotin, etc., parlèrent de Dieu comme étant un Esprit Infini et une Intelligence infinie, mais ils ne nous ont pas dit comment se servir de la Présence et du Pouvoir pour obtenir de l'aide, de l'harmonie, de la prospérité, ou succès, ou pour nous guérir nous-même. C'était une conclusion intellectuelle satisfaisante et très intéressante, mais cette conclusion ne disait pas comment la mettre en pratique tous les jours.

Si vous croyez être un abject ver de terre, les gens vous piétineront et vous traiteront de la même manière que vous vous traitez vous-même. Si vous êtes cruel et mauvais envers vous-même, le monde sera cruel et mauvais envers vous. Le dedans est comme le dehors. Sachez que vous êtes un fils ou une fille du Dieu vivant. Vous êtes l'héritier de toutes les richesses de Dieu. Comprenez que vous devez exalter Dieu en vous et son grand pouvoir de guérison. Comment pourriez-vous vous sentir inférieur si vous savez que vous êtes une fille de l'Infini, que vous êtes l'enfant chéri de Dieu, et que Dieu vous aime et vous protège? Dieu est le Principe de Vie, ou l'Esprit Vivant en vous, qui vous a créé et veille sur vous lorsque vous dormez profondément, car Celui qui veille sur vous ne sommeille et ne dort jamais.

Né pour vaincre

Un très grand nombre de personnes travaillent très fort, mais elles échouent quand même dans la vie. La raison est qu'elles ont un schéma d'échec dans leur subconscient et elles ne croient pas pouvoir réussir. Parfois, elles s'imaginent être des porte-guigne. Elles se sentent inférieures. Peut-être leur a-t-on dit quand elles étaient très jeunes : « Vous ne ferez jamais rien de bien. Vous êtes stupide et imbécile. » Ces pensées ont été accueillies par leur esprit impressionnable et, maintenant, ces pensées ont leur propre vie dans leur esprit subconscient et se manifestent par eux.

Cependant, l'homme peut changer sa vie. Ces impulsions subconscientes et déraisonnables agissent longtemps après qu'ont été oubliés les événements qui les ont provoquées. L'homme peut nourrir l'esprit subconscient avec quelque chose de neuf. Il peut dire : « Je suis né pour réussir ; l'Infini ne peut connaître l'échec. » Il peut nourrir son subconscient de pensées vivantes et créatrices comme : « La Loi et l'Ordre divins gouvernent ma vie. La Paix divine comble mon âme, l'Amour divin imprègne mon esprit, la Bonne Action divine règne suprême, l'Intelligence Infinie me guide et me dirige dans tous les domaines : c'est la lampe qui éclaire mon pas et la lumière sur mon sentier. »

Quand vous êtes irrité, soupçonneux ou saisi de crainte, ces émotions sont négatives et destructrices. Elles grognent dans votre esprit subconscient et elles vous poussent à dire et à faire de mauvaises choses. Alors si vous désirez être heureux, vous êtes triste ; si vous voulez bien agir, vous agissez mal. C'est ce qui arrive lorsque vous êtes aux prises avec des émotions négatives et destructrices, car, fort probablement, tout ce que vous ferez alors sera mal.

Les sept sceaux

Donc, vous pouvez écrire un nouveau nom dans le livre de la vie. Comme nous vous l'avons déjà expliqué, le livre de la Vie est la loi de votre subconscient. La Bible dit : « *Je vis sur la main droite de Celui qui était assis sur le trône un livre écrit en dedans et au verso, scellé de sept sceaux. J'aperçus un ange très fort proclamant à voix puissante : Qui est digne d'ouvrir le livre et d'en défaire les sceaux? Et personne au ciel, ni sur terre ni sous terre ne pouvait ouvrir le livre ni même le fixer des yeux. Et je pleurais beaucoup, parce que personne n'était trouvé digne d'ouvrir le livre ni de le fixer des yeux* (Apoc. 5 : 1-4)

Maintenant, le livre écrit en dedans et au verso est votre esprit objectif et votre esprit subjectif. Vous avez un esprit conscient et un esprit subconscient. Toutes les pensées, croyances, théories, opinions ou tous les dogmes que vous écrivez, gravez ou imprimez sur votre esprit subconscient, vous en aurez des manifestations objectives dans les circonstances, conditions et événements. Nous faisons l'expérience de ce que nous écrivons à l'intérieur. Notre vie a deux côtés : le côté objectif et le côté subjectif, le visible et l'invisible, la pensée et sa manifestation.

Les sept sceaux sont les sept états de conscience. Notre concept passe par sept degrés de conscience par lesquels nous spiritualisons nos cinq sens en se tournant à l'intérieur vers le Pouvoir spirituel. Ensuite, nous accordons et synchronisons notre esprit conscient avec notre esprit subconscient. Lorsqu'il n'y a plus de doute ni dans votre esprit conscient ni dans votre esprit subconscient, votre prière est toujours exaucée. Vous brisez les sept sceaux lorsque vous disciplinez vos cinq sens et faites l'accord entre les deux phases de votre esprit.

Il y a sept sceaux. Le premier est la vue. C'est-à-dire voir la vérité peu importe la situation. Voir la santé parfaite là où il y a la maladie ; voir l'harmonie là où il y a la discorde ; l'amour là où il y a la haine. C'est alors que vous voyez la vérité et disciplinez votre sens de la vue.

Le deuxième est l'ouïe. Vous entendez la bonne nouvelle, la vérité de Dieu. Vous entendez votre mère vous dire ce que vous voulez entendre, que le miracle de Dieu s'est produit, qu'elle est guérie. Autrement dit, vous ne la voyez pas malade dans un hôpital. Vous entendez le contraire. Vous l'entendez vous parler de son excellente santé. C'est alors que vous entendez la vérité.

Le troisième est l'odorat. Vous sentez la vérité en prenant une décision ferme, conscient que Dieu qui a fait votre corps peut aussi le guérir. Vous rejetez toute nourriture impropre à la consommation mentale. Un chien sent la nourriture ; quand elle est louche, il la refuse. De la même manière, refusez toutes pensées, idées et opinions qui ne comblent pas votre âme de joie.

La quatrième est le goût. Vous goûtez la douce saveur de Dieu. Vous goûtez la vérité en vous appropriant, dans votre esprit, les idées ou les vérités de Dieu, par la méditation, la lecture, et en vous occupant souvent l'esprit de la réussite parfaite que vous désirez.

Le cinquième est la joie que vous ressentez lorsque vous touchez mentalement et émotionnellement la prière exaucée et en constatez la réalité.

Les deux derniers sceaux représentent votre esprit conscient et votre esprit subconscient. Lorsque vous réussissez à discipliner les cinq sens, le principe mâle et femelle dans votre esprit commence à agir réciproquement de façon harmonieuse. Un mariage divin a lieu entre votre désir et votre émotion, ensuite un enfant naît de cette union et cet enfant est la joie de la prière exaucée.

C'est le livre de la vie dont les gens parlent. Si quelqu'un pouvait photographier votre esprit subconscient, il pourrait voir vos pensées présentes, passées et futures. Le futur est fait de vos pensées du présent parvenues à maturité. Cependant, vous pouvez toujours changer l'avenir en changeant le présent. Régalez-vous de tout ce qui est vrai, beau, noble et à la ressemblance de Dieu. Pensez ces pensées avec conviction. Les vieilles pensées s'effaceront. Elles seront rayées, supprimées du plus profond de votre esprit, car, ce qu'il y a d'inférieur est dominé par ce qu'il y a de supérieur.

Pensez à tout ce qu'il y a d'aimable et de bon aloi. Développez des pensées et des idées nouvelles au sujet des principes et des vérités éternelles. Souvenez-vous que votre esprit subconscient rejette vos désirs, vos rêves et vos espoirs futiles. Il accepte plutôt vos convictions, ce que vous désirez vraiment et sincèrement du plus profond de votre cœur.

Que croyez-vous? Croyez-vous en la bonté de Dieu sur la terre des vivants, en l'assistance de Dieu, en l'harmonie de Dieu, en l'amour de Dieu, en l'abondance de Dieu? Dans l'affirmative, toutes ces choses se réaliseront, parce que croire est vivre dans l'état d'être ce que l'on croit. C'est accepter quelque chose comme vrai.

Qui êtes-vous?

Pensez à votre héritage spirituel. Comme le dit Moïse, nous sommes tous des enfants du JE SUIS. En vous est la vraie nature ou le vrai nom, car vous le prononcez toute la journée. JE SUIS. En Inde, on dit OM. La Bible dit: *Je suis celui qui suis* (Ex. 3: 14). Moïse a dit: «*JE SUIS*» *m'envoie vers vous* (Ex. 3: 14).

Sachez que JE SUIS vous envoie vers vos affaires demain, pour remplir une tâche difficile, la résoudre, en venir à bout. L'ingénieur aux prises avec un problème urgent sait que JE SUIS l'a envoyé pour résoudre ce problème. L'ingénieur s'attaque courageusement au problème et il en voit la solution.

Nous sommes tous des enfants de JE SUIS (Dieu). Vous devenez tout ce que vous pensez de JE SUIS. Si vous dites: «Je ne suis pas bon, je suis un fiasco, je suis un échec, je deviens sourd, je deviens aveugle, je suis une nullité,» vous devenez alors ce que vous affirmez. En conséquence, renversez les choses et dites: «Je suis heureux, joyeux et libre. Je suis éclairé; je suis inspiré. Je suis fort; je suis puissant. Que le faible dise, je suis fort. Que la veuve dise, tout est bien. Je suis l'enfant du Dieu vivant. Je suis l'héritier de toutes les richesses de Dieu. Je suis né pour vaincre et réussir, car l'Infini ne peut connaître la défaite. Je suis un succès à tout casser. Je suis absolument extraordinaire. Je suis unique et il n'y a personne comme moi dans le monde entier. »

Pourquoi ne proclamez-vous pas ce qui précède? Pourquoi ne pas écrire ces vérités dans votre cœur et les graver au plus profond de votre être? *Que celui qui a des oreilles écoute ce que l'Esprit dit aux églises.* (Apoc. 2: 29)... *Au vainqueur je donnerai de la manne cachée ; et lui remettrai un caillou blanc, sur lequel est écrit un nom nouveau que nul ne connaît, sauf celui qui le reçoit* (Apoc. 2: 17).

La manne est un symbole du pain du Ciel. *C'est moi qui suis le pain vivant descendu du ciel...* (Jean 6: 51) C'est le pain de la paix, de l'harmonie ; c'est le pain béni de Dieu. Mangez ce pain d'inspiration et de conseils, car nul homme ne peut vivre dans le monde aujourd'hui sans nourriture spirituelle. Vous pouvez vous asseoir et déguster les mets les plus délicieux, mais vous avez encore faim de paix, d'harmonie, d'amour, d'inspiration et de conseils.

La manne est un symbole d'inspiration, de force, de pouvoir et de sagesse. Elle vous nourrira dans le désert de la solitude, du malheur, car le plus grand désert au monde n'est pas le Sahara ; l'homme le porte sous son chapeau. Souvent rien n'y pousse, sauf les mauvaises herbes de l'ignorance, de la crainte et de la superstition. Bouddha demanda à Dieu quelle était la cause de toute la misère, de la souffrance, du crime et de la maladie sur terre. La réponse qu'il reçut fut « l'ignorance », car l'ignorance est le seul péché, et toute punition sa conséquence.

Appelez cette Présence et ce Pouvoir. Vous serez entendu. Ils vous accompagneront dans vos difficultés. Ils vous élèveront Là-Haut parce que vous en connaissez le nom et la nature. La nature de l'Intelligence Infinie est de vous répondre. Tournez-vous à l'intérieur vers la Fontaine de la Vie et sentez-vous rafraîchi par la Vérité. C'est là que vous pourrez vous réapprovisionner... *Ô vous tous qui avez soif, venez aux eaux. Même vous qui n'avez pas d'argent. Venez, achetez du blé, et mangez ; venez, achetez du blé sans argent, et sans monnaie du vin et du lait* (Isaïe 55 : 1). Le prix à payer est d'honorer Dieu et de croire en Lui. C'est la seule monnaie à débourser.

Si vous n'honorez pas Dieu et ne Le reconnaissez pas, c'est comme si la Présence n'était pas là. Le seul Pouvoir qui existe peut vous nourrir du pain de la paix, de la joie, de la foi et de la confiance. Ne mettez pas votre foi et votre confiance dans des symboles, des dogmes et des traditions. Croyez que tout ce que vous imprimez sur votre subconscient s'exprimera dans la forme, dans vos fonctions, vos expériences et dans les événements. Vous apprendrez alors à vous connaître un peu mieux vous-même.

Un nouveau nom est une nouvelle disposition, une nouvelle perspective, une nouvelle vision intérieure. Vous pouvez déclarer : « Dieu m'aime et me protège. Je suis éclairé de Là-Haut. » Vous pouvez revendiquer la bonne action. Vous pouvez proclamer : « Mon intellect est béni par la sagesse de Dieu et j'écris présentement ceci sur mon esprit subconscient à l'aide de mon stylo conscient. Tout ce que j'inscris sur mon esprit subconscient devient effectif et opérationnel.

Découvrez-vous vous-même

Vous êtes ici pour résoudre des problèmes. La raison pour laquelle vous avez des problèmes et des défis, c'est que vous êtes ici pour découvrir votre Divinité et aiguiser vos facultés mentales et spirituelles ; autrement, vous ne vous connaîtrez jamais vous-même.

La vie comporte des échecs, c'est vrai ! C'est pourquoi il y avait une gomme à effacer au bout de votre crayon, quand vous alliez à l'école. Tout le monde savait que vous alliez faire des erreurs. Cependant, grâce à ces erreurs, vous avez appris l'addition et la soustraction, ainsi qu'une foule d'autres choses.

Il vous faut une base pour penser de façon constructive. Quand vous savez que vos pensées sont des choses et que vous attirez ce que vous ressentez et devenez ce que vous imaginez, vous commencez alors à penser de façon constructive parce que vous vous rendez compte que : « Ma pensée est créatrice, non pas parce que c'est ma pensée, mais parce que c'est la pensée. »

« Rien ne peut vous procurer la paix si ce n'est le triomphe des principes » (Emerson). Quimby disait qu'un enfant est comme une petite tablette à écrire blanche ; puis, les oncles, les tantes, les ministres du culte et tous les autres, tour à tour passent et y écrivent quelque chose. Rien de plus facile car, naturellement, l'esprit d'un petit enfant est impressionnable, malléable et ouvert à toutes les croyances, opinions, cultes, dogmes, superstitions, ignorances et craintes de ses parents. L'enfant grandit à l'image et à la ressemblance du climat mental, émotionnel et spirituel, qui règne dans son foyer.

Qui griffonne sur votre esprit aujourd'hui ? Est-ce que votre belle-mère, votre beau-père, ou un certain membre de votre belle-famille est en train de griffonner quelque chose sur votre esprit. Quelqu'un vous trouble-t-il ? Est-ce que quelqu'un vous dit que vous ne réussirez pas ? Et, rejetez-vous cette idée en disant : « Vous ne savez pas ce que vous dites. Je ne peux échouer. Comment pourrais-je échouer ? L'Infini est en moi. Je suis né pour réussir. Je suis un succès dans ma vie spirituelle, dans mes rapports avec les autres et dans la profession que j'ai choisie. » Dès que vous affirmerez ce qui précède vous posséderez le Pouvoir.

Comment l'Infini pourrait-il échouer ? Où est l'Infini ? Il est en vous. Et vous êtes né pour gagner, vaincre, triompher. Vous êtes ici pour passer de victoire en victoire, d'octave en octave, car cette gloire qu'est l'homme n'a pas de fin.

Le journaliste est-il en train d'écrire quelque chose dans votre esprit? Ou êtes-vous en train d'y écrire les vérités de Dieu, les mêmes aujourd'hui qu'hier et toujours? Qu'écrivez-vous chaque jour dans votre esprit? Certaines personnes écrivent l'affection, le désespoir, la désolation, la solitude, etc. Inscrivez la conviction que vous êtes méritoire, que vous êtes efficace, que vous êtes plein de foi et de confiance en l'unique Pouvoir qui existe, que vous savez que vous êtes inspiré d'En-Haut et que vous croyez implicitement que Dieu vous guide dans tous les domaines et qu'il est la lampe à vos pieds et la lumière sur votre sentier.

Votre esprit subconscient, qui est le livre de la vie, recevra ces impressions, ces points de vue, ces opinions et convictions, parce que vous êtes sincère, parce que vous êtes sûr de vous. Tout ce que vous pensez, sentez et croyez vrai, votre esprit subconscient le matérialisera, qu'il s'agisse de quelque chose de bon ou de mauvais.

Inscrivez dans votre esprit, l'harmonie, la santé, la plénitude, la beauté, la paix, la perfection et la bonne action. Celles-ci sont des principes. Vous ne créez pas ces vérités, mais vous les activez et les rendez effectives et opérationnelles lorsque vous les affirmez. Réveillez en vous les bienfaits de Dieu.

Tout ce qui vous comble de foi, de confiance, de joie et d'enthousiasme, possède un pouvoir sur vous et gouverne votre conduite. L'enthousiasme gouverne toutes vos activités, car enthousiasme signifie «possédé par Dieu.» Vous n'irez jamais aussi loin que lorsque vous êtes possédé par l'Unique, le Beau et le Bon.

Vous êtes un être mental et spirituel parce que lorsque vous dites JE SUIS, vous annoncez la Présence du Dieu Vivant. Vous avez toujours vécu. Dans un milliard d'années vous serez encore vivant, car la vie n'est jamais née et ne mourra jamais; l'eau ne la mouille pas, le feu ne la brûle pas, le vent ne l'emporte pas. Vous avez la vie, et cette vie est la vie de Dieu. Dieu est vie; donc, vous avez toujours vécu.

Êtes-vous la même personne que vous étiez il y a cinq ans? Dix ans? Vingt-cinq ans? Non, vous ne l'êtes pas. Êtes-vous la même personne que vous étiez à trois mois ou à un an? Non, bien sûr. Vous vous êtes réincarné des centaines de fois depuis que vous êtes né. La réincarnation est l'Esprit qui se manifeste à des niveaux supérieurs. Ainsi, vous étiez différent lorsque vous aviez cinq ans, dix ans, vingt et trente ans. Si je vous montrais des photographies de chaque mois de votre vie, vous auriez peine à vous reconnaître sur certaines d'entre elles.

Vous n'êtes pas le même que vous étiez il y a six mois. Vous avez une nouvelle conception de Dieu, de la Vie, de l'univers: une nouvelle évaluation, un nouveau plan, une nouvelle vision intérieure. Vous ne parlez pas de la même manière, vous ne marchez plus comme alors et vous ne pensez plus de la même façon. Votre vie progresse de victoire en victoire. Lorsque vous passerez dans la prochaine dimension, vous évoluerez encore d'une octave à l'autre. Vous ne sauriez être moindre demain qu'aujourd'hui, car la vie ne recule pas et ne s'attarde pas sur hier.

Écrivez: «Je passe de victoire en victoire. Je monte d'octave en octave.» Écrivez ces vérités dans votre vie, parce que vous êtes vivant et que vous implantez toujours quelque chose de neuf dans les profondeurs de votre esprit.

Une mer de feu

Parmi les nombreuses lettres que je reçois, plusieurs m'écrivent: «Vous serez plongé dans une mer de feu parce que, dans votre émission radiophonique, vous dites aux auditeurs que chaque homme est son propre sauveur, que Dieu habite en lui et que tout ce qu'il a à faire c'est de prendre contact avec cette Présence Divine qui le dirigera, le guidera et résoudra ses problèmes. Vous dites également que chacun exauce ses propres prières. Un jour, vous brûlerez dans cette mer de feu pendant toute l'éternité pour avoir dit ces choses.» Puis, ils citent la Bible comme suit:

Car Dieu a tant aimé le monde qu'il a donné son Fils unique,
afin que quiconque croit en lui ne périsse pas, mais qu'il ait la
vie éternelle (Jean 3 : 16).

Cependant, tout ceci repose sur un manque de compréhension. Tout le monde est l'unique Fils engendré. Nous sommes tous issus de l'Unique. Il n'y a qu'un Seul et Unique. Du point de vue spirituel, votre désir est votre Fils unique engendré. Quand vous êtes malade, la santé est votre sauveur. Vous désirez la santé? La réalisation de ce désir est votre sauveur. Si vous êtes égaré dans la forêt, un guide est votre sauveur. Si vous êtes emprisonné, la liberté est votre sauveur. Si vous mourez de soif, l'eau est votre sauveur. Ainsi, chaque homme qui est capable de prendre contact avec la Présence Divine est, naturellement, son propre sauveur.

Naturellement, il ne faut pas prendre au sens littéral la mer de feu dont parle la Bible. La Bible est un livre spirituel. Elle parle en langage spirituel, mental, allégorique, figuratif, idiomatique et mystique. Si vous allez dans l'aile psychiatrique d'un hôpital, ou dans toute institution de soins mentaux, vous y verrez des gens qui brûlent dans une mer de feu. Bien sûr, cette mer est l'esprit subconscient. Le feu signifie qu'ils bouillent de jalousie, de haine, de ressentiment, d'hostilité et de colère. Ces émotions négatives consument leurs tissus et leurs cœurs.

Un psychotique est tourmenté, n'est-ce pas? Il brûle dans sa propre misère. Certaines personnes sont consumées par leur propre haine, ressentiment, hostilité, etc. Naturellement, elles vivent dans une mer de feu qu'elles ont elles-mêmes créée, car chaque homme crée son propre ciel et son propre enfer. Omar a dit:

J'ai envoyé mon âme chez l'Invisible
Pour apprendre à lire dans l'Après-Vie;
Petit à petit mon âme est revenue
Pour me dire: «Je suis, moi-même, le ciel et l'enfer.

La colère, la dépression, la crainte et les appréhensions sont les feux intérieurs. Tous les médecins vous diront que ces émotions sont des causes d'ulcères, de tension artérielle, de cancer et d'arthrite. La haine cause l'arthrite si vous ne la chassez pas ; elle provoque des changements physiques, des dépôts calcaires dans vos tissus et vous désorganise complètement. Parfois, la jalousie fait perdre la raison complètement, parce qu'il n'y a pas pire poison que la jalousie. On l'appelle le monstre aux yeux verts et c'est le plus grand poison mental qui soit.

Ainsi, semez vos trésors dans le ciel, là où les mites et la rouille ne pourront les affecter, là où les voleurs ne pourront venir et les voler. Pour vous-même, semez l'harmonie, la santé, la paix et la beauté. Écrivez les vérités de Dieu dans votre cœur. Qu'allez-vous écrire ? Ceci : ... *tout ce qui est vrai, tout ce qui est digne, tout ce qui est juste, tout ce qui est saint, tout ce qui est aimable, tout ce qui est de bon renom, tout ce qui est vertu et mérite éloge, faites-en l'objet de vos pensées.* (Phil. 4 : 8).

CHAPITRE 11

Pourquoi êtes-vous ici?

*Pour trouver votre vraie place — Sa prière spéciale
— Réclamez maintenant ce qui est bon pour vous
— Le moment présent — Il cessa de blâmer la
Providence — Un seul principe de vie — Pourquoi
elle ne pouvait prospérer — Le mécontentement
divin.*

Notes personnelles :

_____
_____
_____
_____
_____
_____
_____
_____
_____

Du commencement à la fin, la vie de chaque homme est un plan de Dieu : « Je suis venu pour qu'ils aient la vie... en plus grande abondance. » Vous êtes ici pour avoir une vie remplie, heureuse et glorieuse. Vous êtes ici pour dévoiler vos talents cachés aux yeux du monde, pour trouver votre vraie place dans la vie et pour vous exprimer à votre niveau le plus élevé.

Pour trouver votre vraie place

Il y a quelques mois, une jeune femme me rendit visite et me dit : « Je suis une inadaptée. Personne ne veut de moi. Je suis une cheville ronde dans un trou carré. » Je lui ai expliqué que chaque personne est unique et qu'il n'y a pas deux êtres semblables, pas plus que deux cristaux de neige ou deux feuilles d'arbre. Dieu ne se répète jamais ; la différenciation infinie est une loi de la vie. Il n'existe pas d'êtres inutiles. Je lui ai cité cette phrase d'Emerson : « Je suis un organe de Dieu et Dieu a besoin de moi là où je suis ; autrement je ne serais pas ici. »

Elle me demande : « Qu'est-ce que Dieu veut que je fasse ? »

La réponse est simple. Et la prière qu'elle utilisa pour se soumettre à la volonté de Dieu est simple également, directe et au point.

Sa prière spéciale

« Dieu me révèle mes talents cachés et murmure dans mon cœur les choses qu'il veut que je fasse. Je sais que Dieu est l'Intelligence Infinie et cherche à s'exprimer à travers moi. Je suis un point focal de la Vie Infinie de la même manière qu'une ampoule électrique est un point focal pour la manifestation de l'électricité. Dieu coule en moi sous forme d'harmonie, de santé, de paix, de joie, de croissance et d'expansion dans tous les domaines. Je reconnais cet indice qui se manifeste dans mon esprit conscient et raisonnable, et je suis maintenant reconnaissante de recevoir ma réponse. »

Après quelques jours, elle eut une forte envie de suivre un certain cours commercial et c'est ce qu'elle fait avec ardeur aujourd'hui ; elle obtiendra sans doute de grands succès.

Réclamez maintenant ce qui est bon pour vous

Le moment choisi est maintenant. Plusieurs personnes sont toujours en train de compter sur l'avenir pour connaître des temps meilleurs. Ils répètent sans cesse qu'un jour elles seront heureuses et connaîtront le succès, sans se rendre compte que Dieu est l'Éternel Présent !

La vérité est que tous les pouvoirs de la Divinité sont en vous. La paix est maintenant, vous pouvez déclarer que la rivière divine de la paix coule en vous. La guérison est maintenant ; sentez et sachez que la Présence infinie de la guérison qui vous a créé, est présentement à l'œuvre pour guérir tous les atomes de votre être. Dites-vous que l'Intelligence créatrice qui vous a fait, sait comment vous guérir et que l'Ordre divin gouverne votre corps et votre esprit.

La santé vous appartient maintenant: c'est une forme-pensée de votre esprit. Réclamez-la avec audace dès maintenant. Affirmez: « La richesse de Dieu est présente dans ma vie. » Alors, pourquoi l'attendre?

L'amour est présent. Sachez et croyez que l'amour de Dieu imprègne votre esprit et votre corps, et cet amour divin s'infiltrera et se manifestera dans toutes les phases de votre vie.

L'aide est à votre disposition maintenant. L'Intelligence Infinie en vous connaît les solutions et elle répond selon la nature de vos demandes.

Réclamez *maintenant* ce qui est bon pour vous. Vous ne créez rien; vous donnez la forme et l'expression à tout ce qui existait depuis toujours, à ce qui existe maintenant et à ce qui existera toujours. Moïse aurait pu se servir d'un haut-parleur ou de la télévision. L'idée, ou principe, qui les a faits existe depuis toujours dans l'Esprit Infini. Platon a fait allusion aux « archétypes de l'Esprit Divin », ce qui signifie simplement qu'il y a une idée ou un schéma derrière tout ce qui a été créé dans l'univers.

Le moment présent

Ne vous êtes-vous jamais arrêté à penser que ce que vous planifiez pour l'avenir, vous le planifiez maintenant? Si vous craignez quelque chose pour l'avenir, vous le craignez maintenant. Si vous pensez au passé, vous y pensez maintenant. La seule chose qu'il vous faut changer est votre pensée présente. Vous êtes conscient de votre pensée présente, et tout ce que vous pouvez réaliser est la manifestation extérieure de votre pensée habituelle du moment présent. Les deux voleurs sont le passé et l'avenir. Si vous vous laissez aller à des remords ou à l'autocritique au sujet d'anciennes erreurs et blessures, l'angoisse mentale qui s'empare de vous n'est que la douleur de votre pensée présente. Lorsque vous êtes inquiet au sujet de l'avenir, vous vous privez et vous volez à vous-même la joie, la santé et le bonheur. Débarrassez-vous de ces deux voleurs et pensez à vos bienfaits du moment.

C'est une joie présente que de penser à un épisode heureux et joyeux du passé. Souvenez-vous que les résultats d'événements passés, bons ou mauvais, ne sont que les représentants de votre pensée présente. Orientez votre pensée présente dans la bonne direction. Dans votre esprit, vénérez la paix, l'harmonie, la joie, l'amour, la prospérité et la bonne volonté. Attardez-vous sciemment sur ces concepts et revendiquez-les en oubliant tout le reste. *Du reste, frères, tout ce qui est vrai, tout ce qui est digne, tout ce qui est juste, tout ce qui est saint, tout ce qui est aimable, tout ce qui est de bon renom, tout ce qui est vertu et qui mérite éloge, faites-en l'objet de vos pensées* (Phil 4: 8).

Il cessa de blâmer la Providence

Dernièrement, un homme me parlait de ses nombreux problèmes et finit par blâmer Dieu pour tous ses revers. Je lui ai expliqué que l'univers repose sur la loi et l'ordre et que Dieu, entre autres choses, est le Principe ou la Loi, et que si l'homme enfreint une loi, il en subira les conséquences. Il ne s'agit pas de la punition d'un Dieu en colère. Au contraire, il s'agit d'une question *impersonnelle* de cause à effet. S'il fait un mauvais usage de la Loi de l'Esprit, la réaction sera négative ; mais s'il se sert de la loi correctement, il se sentira aidé et guéri, et son âme lui sera rendue.

Je lui ai suggéré comment laisser circuler en lui la Vie divine et lui ai proposé de dire souvent cette prière :

« Je suis une Voie libre et claire du Divin, et la Vie Infinie coule en moi sans obstacles, sous forme de santé, de paix, de prospérité et de bonne action. J'émets constamment des idées neuves et créatrices et je libère la splendeur prisonnière en moi ».

Cet homme transforma son existence et m'a dit qu'il commençait maintenant à vivre. Il ajouta avec regret : « J'ai cessé de bloquer mon bien-être. J'ai enlevé mon pied du boyau et les eaux de la vie coulent avec abondance dans ma vie. » Il a appris à se détendre, et il a retiré le poids de sa mentalité négative du « pipeline » infini de la vie.

Un seul principe de vie

L'univers entier n'est animé que par un seul Principe de Vie. Dieu est Vie et c'est votre vie présente, mais ce Principe de Vie peut être orienté de manière constructive ou destructive, parce que vous avez le pouvoir de choisir.

Vous utilisez le Principe de Vie de façon destructrice chaque fois que vous vous laissez aller à la crainte, le regret ou à toute pensée négative. Le ressentiment, l'hostilité, l'orgueil spirituel, l'entêtement, la critique et la condamnation sont des méthodes particulièrement désastreuses d'appliquer le Principe de Vie. De plus, les émotions négatives qui sont emprisonnées dans notre subconscient provoquent toutes sortes de maladies, tant physiques que mentales.

Quand vous êtes à l'écoute de l'Infini et que vous vous en imprégnez harmonieusement et joyeusement, et lorsque vous avez de bonnes pensées, de bons sentiments et que vous faites de bonnes actions, votre vie ne sera que bonheur et succès dans tous les domaines, ici même et dès maintenant.

Pourquoi elle ne pouvait prospérer

Une jeune institutrice se plaignait de ne pas avoir de résultats même si elle priait régulièrement pour obtenir la prospérité et le succès. Au cours de ma conversation avec elle, je me suis rendu compte qu'elle préparait toujours ses problèmes en critiquant et en blâmant ses élèves, leurs parents et les autorités de l'école. Je lui ai souligné qu'en réalité, elle dilapidait les trésors de la vie en elle par des pensées négatives qui s'avéraient destructrices. Elle modifia son état d'esprit en déclarant fréquemment et avec une profonde conviction :

« Dieu ne m'a pas donné un esprit de crainte, il m'a plutôt donné un esprit de puissance, d'amour et de saine mentalité. Ma foi en Dieu est ferme et sans défaillances car il représente toujours et généreusement ce qui est Bon pour moi. Je suis revitalisée et je prospère dans tous les domaines. Maintenant, je suis promue. Maintenant j'ai la paix. Je propage l'amour et la bonne volonté par tous mes élèves, mes collègues et tous ceux qui m'entourent. Du plus profond de mon cœur, je leur souhaite la paix, la joie et le bonheur. L'intelligence et la sagesse de Dieu animent et soutiennent en tous temps tous ceux qui sont dans ma classe ; je suis éclairée et inspirée. Lorsque je serai tentée de penser négativement, je penserai immédiatement à l'amour bienfaisant de Dieu. »

En moins d'un mois, cette institutrice avait mis de l'harmonie dans tous ses rapports et on lui accorda sa promotion.

Le mécontentement divin

Vous êtes ici pour reproduire toutes les qualités et tous les aspects de Dieu. Étant donné que ceci est votre véritable raison d'être, il vous incombe d'être entièrement insatisfait de tout ce qui n'est pas complète harmonie, santé et paix d'esprit. Une inquiétude au sujet de la frustration, la pénurie et les restrictions devrait être pour vous un grand stimulant pour surmonter toutes les difficultés grâce au Pouvoir Infini en vous. Votre joie est dans la victoire. Les problèmes, les difficultés et les défis de la vie vous permettent d'aiguiser vos instruments mentaux et spirituels, de dégager les trésors des ressources infinies qui sont en vous.

L'Esprit Infini ne reconnaît ni le temps ni l'espace. Cessez de vous limiter vous-même. Enlevez tous les obstacles de votre esprit et entrez *maintenant* dans la joie de la prière exaucée... *Levez les yeux et voyez comme les campagnes sont déjà blanches pour la maison.* (Jean 4 : 35).

CHAPITRE 12

LA SIGNIFICATION
DE SATAN DU DIABLE,
DU SERPENT, ETC.

L'Œil s'appelait le Diable — Dieu sens dessus dessous — L'invention de l'homme — La douleur est une conséquence — Pour surmonter les obstacles — La chute de Lucifer — L'unique Pouvoir créateur — La Vérité vous délivre — L'archange Lucifer — Le symbolisme hébreu en fonction du soi-disant diable — La pensée est créatrice — Il n'y a pas de mort — La vie cherche à s'exprimer — La mort physique du corps — Positif et négatif — L'Accusateur — Satan — La vie et le diable — Pour chasser les Diables — L'autosuggestion.

Notes personnelles :

_____

_____

_____

_____

_____

_____

_____

_____

_____

_____

Il n'y a qu'un seul Pouvoir. *Écoute, Israël, Yahweh est notre Dieu, Yahweh lui seul* (Deut. 6 : 4). Alors, puisque seul Dieu existe, le diable n'existe pas. Puisque Dieu est l'Être, le diable est le non-Être. Autrement dit, le diable n'existe pas. Comme le dit avec tant de lucidité le juge Troward dans son livre intitulé *Bible Mystery and Bible Meaning* (Le mystère biblique et la signification de la Bible) : « C'est précisément cette non-existence qui constitue le diable ; c'est ce pouvoir qui existe en apparence et pourtant n'existe pas ; en un mot, c'est la puissance de la négation. »

L'Œil s'appelait le Diable

Anciennement, dans l'enseignement du Tarot, les mystiques hébreux appelaient le diable Ayin, soit la 16e lettre de l'alphabet hébreu et qui s'épèle « oin » en langage hébraïque. Il signifie l'œil comme instrument de la vue. Il signifie aussi l'hilarité. L'œil ne se préoccupe que de l'apparence superficielle des choses. Jadis, les gens disaient « Le soleil se lève à l'est et se couche à l'ouest » et « La terre est plate et ne bouge pas ». Pourtant, grâce à la science, les gens sont maintenant convaincus jusqu'à quel point l'œil s'était trompé à ce sujet : le soleil ne se lève pas et ne se couche pas, la terre n'est pas plate et n'est pas immobile. Par exemple, la science d'aujourd'hui nous prouve que l'œil ne voit pas les choses telles qu'elles sont. Notre univers en est un de densités, de fréquences et d'intensités. Votre corps est plastique, poreux et flexible. Il est simplement composé de rayons lumineux, d'atomes et de molécules qui gravitent à d'énormes vitesses. Nos yeux ne sont faits que pour apercevoir trois dimensions.

La sagesse secrète des Hébreux en savait plus long que la science moderne sur la nature illusoire de la matière, ainsi que sur les restrictions de notre vision. De là l'attribution d'hilarité à la lettre Ayin, qui signifie l'œil. Souvenez-vous, Ayin se rapporte à ce qui semble être, plutôt qu'à ce qui est vraiment, à l'illusion plutôt qu'à la réalité. C'est pourquoi l'hilarité est associée avec le mot *diable*. La vrai signification du mot *diable*, en mystique hébraïque, est *calomniateur*. Celui qui dit des mensonges au sujet de Dieu. L'œil fausse la réalité car il ne voit que l'apparence extérieure de la réalité.

Dieu sens dessus dessous

Les anciens mystiques hébreux qui ont écrit la Bible disaient que le diable est Dieu sens dessus dessous. Autrement dit, le diable est Dieu tel qu'il est mécompris par les personnes ignorantes et primitives. Le diable des théologiens n'existe pas ; ils l'ont créé pour représenter ce qu'il y a de mauvais dans le monde. Cependant, la méchanceté provient de notre mauvaise compréhension ou de notre mauvaise utilisation du Pouvoir Unique.

Nous sommes des êtres doués de volonté et pouvant choisir, et nous sommes ici pour évoluer et apprendre les lois de la vie et les appliquer correctement. Tout ce qui est mal compris ou mal appliqué constitue la méchanceté. Lorsque vous ne choisissez pas ce qui est bon, vous subissez alors la réaction négative de votre esprit subconscient à cause de votre choix.

L'invention de l'homme

Devant la population, les théologiens ont rendu compte de la présence de la méchanceté en créant un diable. En ce qui concerne les Évangiles dont le plus ancien remonte à environ 300 ans avant J.-C., on n'y retrouve pas le mot *diable* dans les versions les plus anciennes. Il apparaît alors comme un *esprit du diable*. Dans les enseignements de Jésus, il n'est pas fait mention d'un diable théologique, car ce fut une invention de l'Église qui vint plus tard. De plus, le mot que l'on traduit comme *diable* est *un esprit du diable* et non pas *l'esprit du diable*.

Il se promenait en chassant les démons, qui sont les formes-pensées de la haine, de la jalousie, de l'hostilité, du ressentiment, de la vengeance, de l'autocondamnation et de l'apitoiement. Ceux-ci sont les démons qui nous harcèlent et que nous créons nous-même selon nos pensées et nos sentiments. Sûrement, ces émotions négatives sont les esprits (sentiments) du diable.

Selon Swedenborg: « L'essence de l'enfer est de vouloir contrôler les autres. » Les démons sont des formes-pensées négatives et destructrices, qui provoquent des émotions négatives et destructrices et incitent les individus à agir en conséquence. Les émotions négatives et destructrices qui se cachent dans le subconscient doivent avoir une porte de sortie qui se traduit par le chaos et des souffrances de toutes sortes.

La douleur est une conséquence

Toutes les peines et les souffrances au monde ne sont dues qu'à nous-même et ne sont que la conséquence de nos propres pensées et de notre mauvais usage du Pouvoir Unique. Les punitions ne sont pas distribuées par un Dieu en colère. Dieu n'a absolument rien à faire avec nos souffrances et nos maladies. C'est le plus grand des blasphèmes que de dire que Dieu est irrité contre nous au lieu de nous considérer avec amour et compassion.

Pour surmonter les obstacles

Nous sommes tous ici pour surmonter des obstacles, des défis, des difficultés et des problèmes, ce qui nous amène à découvrir la Divinité en nous et à atteindre nos buts. Le mot grec pour *diable* est *diabolos, celui qui lance de part et d'autre* (les problèmes et les obstacles); et nous devons nous servir de ceux-ci comme tremplins pour vaincre et réussir. C'est ainsi que nous pouvons progresser et nous élever dans l'échelle de la Vie.

La chute de Lucifer

Comment es-tu tombé des cieux, Ô Lucifer, fils de l'Aurore! Comment as-tu été jeté par terre, toi qui vassalisais toutes les nations (Isaïe 14 : 12). Lucifer signifie lumière, ou JE SUIS, celui qui est Dieu. Dieu se limite lorsqu'il se fait homme. Lucifer tombant du ciel n'est simplement que l'Esprit, Dieu ou JE SUIS devenant la matière, ce soi-disant diable représente nos limitations. En réalité, la chute de Lucifer, qui est la chute de Dieu ou l'Esprit qui devient matière, nous permet de croître et de libérer les pouvoirs spirituels en nous. Les défis et les difficultés de la vie aiguisent nos outils spirituels et mentaux et nous permettent de découvrir les pouvoir divins en nous afin que nous puissions nous élever, transcender et grandir, et par le fait même libérer de plus en plus les qualités de Dieu en nous.

L'unique Pouvoir créateur

À maintes et maintes reprises, la Bible insiste sur le fait qu'il n'y a qu'un seul Pouvoir, non pas deux, ni trois, ni cent, mais un Seul. Lisez ces paroles de la Bible : *Voyez maintenant que moi, même moi, je suis lui, et il n'y a pas de dieu avec moi ; je tue et je donne la vie ; je blesse, et je guéris* (Deut. 32 : 39).

Ceci veut dire que vous pouvez vous servir du pouvoir de deux manières. Naturellement, ceci s'applique à tous les pouvoirs au monde. L'électricité peut servir pour balayer le plancher ou pour éclairer la maison, mais elle peut aussi servir pour électrocuter quelqu'un. Dans le même ordre d'idées, vous pouvez utiliser l'eau pour noyer un enfant ou pour étancher sa soif. Ici, en Californie, nous avons eu des inondations qui ont détruit des maisons et ruiné des routes et des ponts ; cependant, lorsque ces eaux sont endiguées et contrôlées, l'eau sert à irriguer le sol, éclairer les villes et rendre mille et un services à l'humanité.

Les hommes de science sont en train de mettre au point un procédé pour séparer l'hydrogène de l'eau, et l'énergie qui s'en dégagera accomplira des miracles dans nos industries. Les forces de la nature ne sont pas mauvaises. Tout dépend de notre façon de s'en servir. Notre façon d'utiliser une puissance quelconque repose sur notre pensée. Ainsi, le bon et le mauvais sont déterminés par les pensées de l'homme, sa motivation et par la manière dont il a décidé d'utiliser les pouvoirs de son esprit et les forces de la nature.

Le bon et le mauvais sont les mouvements du propre esprit de l'homme relativement à l'Unique Pouvoir Suprême, lequel est parfait en lui-même. Pensez au bien, et le bien suivra ; pensez au mal, et le mal suivra.

Lucifer dont on parle dans le quatorzième chapitre d'Isaïe, se rapporte aussi au faux concept que l'homme se fait de Dieu, ou du JE SUIS en lui. Plusieurs personnes sont prêtes à mourir pour leurs superstitions et fausses croyances, plutôt que d'ouvrir leur esprit et leur cœur aux vérités de la Vie. Elles sont dures et inflexibles, et il semble qu'il ne leur est pas possible de se défaire de leurs vieilles croyances, fausses et enracinées, au sujet de Dieu et de la loi de la Vie.

Dans le quatorzième chapitre d'Isaïe, la Bible fait allusion à leur intransigeance et à leur intraitable attitude mentale : *Toi qui disais en ton cœur, j'escaladerai les cieux, par-dessus les étoiles de Dieu j'érigerai mon trône.* (Isaïe 14 : 13).

Il y a quelques mois, une femme m'a écrit une lettre de quatorze pages pour me dire qu'en effet, il y a un démon, un satan, pour tenter les individus, provoquer des guerres, posséder l'esprit des gens et les pousser au crime. Il était inutile d'essayer de raisonner ses superstitions, ses fausses croyances et ses déclarations dogmatiques. Plusieurs agissent de cette façon. Ils exaltent ce soi-disant démon, ou fausse croyance et, dans leur esprit, ils descendent Dieu de son trône. Les nations communistes ont aussi élevé leurs théories au-dessus des étoiles (vérités) de Dieu, et elles affectent une attitude rebelle en prétendant qu'il n'y a pas de Dieu, sauf Lénine.

La Vérité vous délivre

Dès que vous chasserez de votre esprit l'idée d'une autre puissance que l'Unique, votre fausse conception de Dieu tombera du trône de votre esprit ; vous vous rendrez compte alors, que si vous utilisez cette Puissance de façon constructive, elle s'appelle Dieu et sème la santé et le bonheur dans votre vie. Quand vous utilisez la Puissance de façon négative et ignorante, elle s'appelle le diable et vous apporte la misère, la pauvreté et la souffrance. L'ignorance s'appelle le diable également, ce qui est une négation de la vie.

L'archange Lucifer

Lucifer, Satan, le diable et le serpent sont des noms qui signifient tous la même chose. Vous connaissez l'histoire selon laquelle l'archange Lucifer fut précipité en enfer parce qu'il s'était révolté contre Dieu. Naturellement, ceci n'est qu'un mythe. La Bible dit que Lucifer était l'étoile brillante du matin... *Je suis la souche et la race de David, l'astre brillant* (Apoc. 22 : 16). La plus grande étoile au monde est le JE SUIS en vous. C'est-à-dire Dieu ou la lumière de l'univers entier.

Le symbolisme hébreu en fonction du soi-disant diable

Les prophètes hébreux qui ont écrit la Bible étaient des maîtres dans l'art de la psychologie et de l'histoire de l'âme ; ce sont eux qui ont révélé dans la Cabale la signification occulte de la Bible. La Cabale est l'interprétation mystique de la Bible et la clef des allégories, des nombres et du symbolisme de la Bible.

Dans l'enseignement de l'ancien Tarot, ils ont conçu une carte symbolique signifiant que le diable provenait de l'imagination faussée et déformée de l'homme. Cet être imaginaire a les cornes d'un bouc, une tête humaine, les oreilles d'un âne et les ailes d'une chauve-souris. La partie supérieure du corps est humaine, les cuisses sont celles d'un animal, les jambes sont humaines et se terminent par les griffes d'un aigle.

Les ailes d'une chauve-souris sont le symbole des ténèbres ou de l'ignorance. Les cornes sont celles d'un bouc parce qu'elles montrent les courbes de l'épine dorsale et ne peuvent se tenir droit. (L'homme devrait marcher droit selon la Loi.) La tête est munie des oreilles d'un âne car l'homme ne veut pas écouter la voix de l'intuition et refuse d'entendre et écouter les vérités éternelles. En d'autres mots, il est aussi obtus et entêté qu'un âne.

La partie humaine du corps est grossière, ce qui signifie l'absence de grâce et de beauté. Sur la carte, la main soulevée qui bénit le couple (homme et femme) est grande ouverte comme signifiant que tout ce qui importe dans la vie est le désir des sensations; rien d'autre n'existe. Les cuisses ne sont pas humaines, mais celles d'un animal, pour indiquer que l'homme obéit à ses instincts plutôt qu'à ses impulsions spirituelles. Les jambes sont les émotions négatives et les passions qui le gouvernent.

Les jambes se terminent par les griffes d'un aigle. Ceci se rapporte aux abus sexuels et au mauvais usage des appétits sexuels. La patte élevée est un symbole de Saturne, signifiant les restrictions qui la gouvernent.

Un pentagramme renversé se trouve au-dessus de la tête de ce diable. Il devrait se tenir sur deux pointes, le conscient et le subconscient étant égaux. Ici, il se tient sur une seule pointe. Autrement dit, l'homme est gouverné par ses fausses croyances, opinions et émotions négatives subconscientes. La torche signifie qu'il allume ses passions et ses appétits.

De plus, il y a malformation de la femme, ce qui signifie que l'esprit conscient a pollué le subconscient. L'épaule gauche de la femme est absente. Les épaules dénotent les émotions. L'homme et la femme (Les principes mâle et femelle en chacun de nous) sont attachés par des chaînes au demi-cube sur lequel est accroupi le soi-disant diable. Le cube représente le monde physique. Un demi-cube représente la demi-connaissance ou l'ignorance. C'est pourquoi le cube est noir.

L'homme et la femme sur la carte ont des cornes, des sabots et une queue pour signifier qu'ils vivent entièrement aux prises avec des émotions négatives. La queue de l'homme a la forme d'un scorpion, dénotant que la perversion sexuelle est sa plus grande bestialité. La queue de la femme est une grappe de raisins, indiquant ainsi que c'est la tâche du subconscient d'amener à maturité les désirs de l'esprit subconscient. Les raisins verts indiquent une utilisation négative de l'imagination.

Le diable possède un nombril, de même que l'homme et la femme. Ceci est l'un des symbolismes les plus subtils du Tarot. Peu importe jusqu'à quel point ces cartes ont été prostituées et malmenées, le Tarot révèle comment s'appliquent les lois de Dieu dans le cosmos et dans l'homme. Le nombril, naturellement, signifie que le diable est une créature de l'homme.

Quelques-uns de ces merveilleux symboles du Tarot m'ont été présentés par une célèbre étudiante du Tarot, Ann Mussmann, dans la ville de New York, en 1943. J'ai vu qu'ils coïncidaient avec la Bible sous tous rapports.

La pensée est créatrice

Chaque pensée tend à se manifester. Si votre pensée est de nature négative, la Bible l'appelle le diable ou Satan, ce même vieux serpent qui trompa Eve dans le jardin. Vous devez vous souvenir qu'il est impossible qu'il existe un pouvoir diabolique infini et universel car, à moins que le Pouvoir Infini et Universel ne soit créateur, rien ne pourrait exister. Dieu est le Principe de Vie en chacun de nous, cherchant toujours à s'exprimer. Ce serait contredire la nature essentielle de Son Être que de supposer que le Principe de Vie agit autrement que pour donner la vie. La nature de son être est de vivre et de donner.

Il n'y a pas de mort

La vie, ou Dieu, ne peut pas mourir, et cette vie est votre vie présente. L'homme croit en ce qu'il appelle la mort ; par conséquent il traverse l'expérience de ce qu'il appelle la mort. Mais, comme le disait le docteur Quimby en 1847, la mort est en nous ; l'autre personne est simplement rendue dans la prochaine dimension et est aussi vivante que nous. La Bible nie catégoriquement que la mort est la volonté de Dieu. En effet... *celui qui détenait l'empire de la mort, c'est-à-dire le diable* (Hébr. 2 : 14), ou la fausse croyance de l'esprit de la masse.

On peut dire que l'homme meurt et que son corps se désintègre. La désintégration est la dispersion de ce qui était auparavant un tout intégral ou parfait, la séparation de ses parties constituantes. L'homme adopte alors un nouveau corps à quatre dimensions, lequel est raréfié et atténué, et fonctionne dans l'autre dimension. Vous aurez des corps pendant l'éternité. Vous aurez toujours un corps. Il vous est impossible de vous imaginer sans un corps. Ceci laisse prévoir, représente et présage que vous aurez toujours un corps. Emerson a dit que chaque Esprit construit sa propre maison. Vous avez besoin d'un corps pour exprimer les qualités de l'Esprit, ou Dieu.

La vie cherche à s'exprimer

Le seul motif possible du Principe de Vie qui est à l'origine de tout, expression utilisée par le juge Troward en parlant de Dieu ou de l'Esprit-Vivant, Tout-Puissant en nous, doit être l'expression de la Vie, l'amour, la vérité et la beauté, car c'est là Sa nature. Quand l'homme entretient des pensées amoureuses et médite sur les vérités éternelles, sachant et croyant que sa vie est la vie de Dieu, et neutralise vraiment la croyance d'esprit de race dans la mort, il ne connaît pas ce que le monde appelle la mort physique. À cause de sa méditation et de ses prières, et à cause de sa conviction profonde, les molécules de son corps oscilleront à des fréquences si élevées qu'il sera ici sans que vous puissiez le voir, pas plus que vous ne pouvez voir la vapeur lorsqu'on chauffe, jusqu'à un certain degré, de la glace fondue. La vapeur est invisible, mais pourtant c'est de L'H_2O pur qui agit à une plus haute fréquence moléculaire.

Voici pourquoi, comme vous le dit la Bible, Jésus disparut dans la foule et ne pouvait être vu. Il était capable de dématérialiser son corps. Appolonius possédait aussi ce pouvoir.

La mort physique du corps

Le procédé de désintégration que vous percevez est la Présence et la Puissance Universelles qui prennent les atomes et les molécules du corps pour en faire une nouvelle construction à partir d'un logement sans locataire, c'est-à-dire à partir d'une personne qui n'a pas la conscience ou la foi nécessaire pour perpétuer la Vie Universelle en elle. La force qui désintègre est le Pouvoir Intégrant à l'œuvre selon la croyance de l'individu. Il ne s'agit pas d'un autre pouvoir.

La Bible et le bon sens nous disent qu'en fin de compte, il ne peut y avoir qu'un seul Pouvoir Unique dans l'univers, lequel, par conséquence, doit être le Pouvoir Constructeur ou Créateur. Il est impossible de posséder un pouvoir qui soit négatif en soi ; cependant, il peut se manifester de manière négative selon l'usage que nous en faisons ou lorsque nous négligeons de remplir les conditions requises pour qu'il agisse de façon positive et constructive.

Positif et négatif

Cette Présence et ce Pouvoir en vous agiront positivement ou négativement envers vous, selon les conditions positives ou négatives que vous leur fournirez pour leur manifestation, de la même manière que vous pourrez engendrer un courant positif ou négatif selon les installations électriques que vous préparerez. La raison des expériences négatives que vous subissez dans la Vie est votre rejet de la grande Affirmation ou de la Présence de Dieu dans votre vie.

Le plus haut degré d'intelligence contrôle le plus bas. Les pensées à la ressemblance de Dieu qui sont enchâssées dans votre esprit, neutralisent et font disparaître toutes pensées négatives. Dans votre vie, le pouvoir de la négation consiste à croire comme vrai ce qui ne l'est pas. Pour cette raison, la Bible l'appelle le père des mensonges.

L'Accusateur

Diable signifie aussi *faux accusateur ou faux* « affir-mateur ». Ceci signifie l'utilisation négative du Pouvoir Unique. Ceci signifie que vous êtes engagé dans une mauvaise direction et que vous donnez de mauvaises directives à votre esprit subconscient.

On dit que le diable a le pouvoir de donner la mort. Ceci peut s'expliquer simplement : La haine est la mort de l'amour, la mauvaise confiance en Dieu, la tristesse est la mort de la joie, la douleur est la mort de la paix, la colère est la mort du discernement ou du bon jugement, l'ignorance est la mort de la Vérité, la jalousie est l'enfer de l'amoureux blessé, la pauvreté est la mort des richesses et de l'opulence de Dieu, et la maladie est la mort de l'intégralité.

La Bible dit : ... *afin de pouvoir anéantir celui qui détenait l'empire de la mort, c'est-à-dire le diable, et délivrer ceux que la crainte de la mort tenait toute leur vie dans l'esclavage* (Hébr. 2 : 14-15). Dans le langage biblique, nous sommes morts quand nous ne sommes pas conscients de la Présence et du Pouvoir de Dieu en nous, et de notre capacité d'utiliser ce Pouvoir vertueusement de façon à semer l'harmonie, la santé, la paix, la joie et l'abondance dans nos vies.

Satan

En Hébreu, ce mot signifie *accuser*. « *The Guide to the Perplexed* » (Le manuel du perplexe) par Maimonides, l'un des grands livres de tous les temps, qui dit que Satan est un dérivé de « sata », qui signifie chuter, se tromper, s'écarter de la vérité, changer de voie ou rater le but. Ce dernier mot signifie péché. Nous péchons lorsque nous ne menons pas une vie pleine et heureuse. C'est alors que nous sommes vraiment des pécheurs, car nous nous sommes éloignés de la contemplation de la Sainte Présence de Dieu.

Lorsque vous donnez aux conditions, aux circonstances, aux événements ou à d'autres individus, le pouvoir de gâter votre bonheur ou de contrecarrer votre bien-être, vous accordez des pouvoirs à des causes externes et non pas à la Cause Première, qui est l'Esprit, Dieu, le Pouvoir et la Puissance Uniques. Cependant, c'est créer une cause secondaire que donner le pouvoir à des facteurs externes. L'homme spirituel n'accorde pas de pouvoir au monde des phénomènes, car celui-ci est un effet. Non pas une cause. Il donne le pouvoir au Créateur, ou Puissance Créatrice, non pas à ses effets. Le seul pouvoir immatériel que vous connaissez est votre pensée. Quand vos pensées sont les pensées de Dieu, vos pensées sont bonnes et la Puissance de Dieu les accompagne.

La vie et le diable

Si vous épelez *live* (vivre) en commençant par la fin, vous obtenez *evil* (diable), ce qui signifie que lorsque nous avons le diable dans notre vie, nous vivons notre vie à reculons. Autrement dit, nous allons contre le courant de la vie, lequel pourrait, si nous lui permettions, nous conduire en avant, en haut, vers Dieu.

L'idée est la suivante : Ne faites pas une cause de l'effet. Rien ne vous trouble si ce n'est que par l'entremise de votre pensée. Lorsqu'il y a absence d'opinion, il n'y a pas de souffrance. Lorsque vos lectures vous racontent des meurtres et des crimes dans la haute société, vous n'avez pas d'opinion à ce sujet. Si vous devenez excité ou agité, qui est-ce qui en souffre ? Vous. Vous décidez de générer la colère et l'hostilité. En réalité, vous distillez des poisons mentaux qui détruisent votre organisme. Il n'y a pas de douleur à moins que l'on ne porte jugement.

Cessez de juger les autres. Votre jugement est la conclusion, ou verdict, de votre esprit. Simplement dit, c'est votre pensée. Étant donné que la pensée est créatrice, tout ce que vous pensez ou ressentez au sujet des autres, vous le créez dans votre propre esprit, votre corps et votre existence. C'est pourquoi Jésus vous dit d'arrêter de juger les autres. *Comme vous aurez mesuré, vous serez mesurés à votre tour.* (Matt. 7 : 2).

Pour chasser les Diables

Il y a des millions de personnes dans le monde et dans l'autre dimension de la vie qui pensent à la haine, la jalousie, l'hostilité, la cupidité et la luxure. Lorsque vous remplissez votre esprit des vérités de Dieu, vous neutralisez et oblitérez toutes tendances négatives. C'est comme verser de l'eau pure et distillée dans une bouteille d'eau sale. Vient un moment où toute l'eau sale a été enlevée, jusqu'à la dernière goutte.

Voilà pourquoi il est important de continuer de prier. Nous sommes tous plongés dans un grand océan psychique de plus de quatre milliards de personnes, en plus des autres milliards qui vivent dans l'autre dimension de la vie. Donc, il nous incombe de nous aligner sur la Présence et le Pouvoir Infinis et de déclarer sans cesse que ce qui est vrai pour Dieu est aussi vrai pour nous.

Par la télépathie et la transmission de pensées, nous faisons tous partie de ce grand océan psychique. Subjectivement, nous ne sommes qu'un. Si nous sommes négligents, apathiques, paresseux, indolents et si nous refusons de prier, nous recevrons le négativisme de l'esprit de masse. Nous dirons alors : « Comment se fait-il que cela m'est arrivé ? ».

Cela est arrivé parce que lorsque nous négligeons de penser nous-même, l'esprit de race pensera pour nous. Quand le point de saturation est atteint, il se manifestera peut-être sous la forme d'un accident, d'une maladie ou d'une autre tragédie ou situation négative. Une personne jalouse ou envieuse est sensible à toutes les pensées jalouses ou envieuses des autres, parce qu'elle est à un bas niveau de vibration et l'antenne de l'esprit est réglée sur cette fréquence qui amplifie les signaux destructeurs dans le subconscient.

La loi de l'attraction s'applique à tous. Les semblables s'attirent. Par conséquent, suivons le conseil apostolique et conformons-nous à cette ordonnance spirituelle : *Du reste, frères, tout ce qui est vrai, tout ce qui est digne, tout ce qui est juste, tout ce qui est saint, tout ce qui est aimable, tout ce qui est de bon renom, tout ce qui est vertu et qui mérite éloge, faites-en l'objet de vos pensées* (Phil. 4 : 8).

L'autosuggestion

La conception d'un diable, de satan ou d'un principe du mal ne reçoit son pouvoir que de notre autosuggestion de son existence et à cause de la sensibilité de notre subconscient à la suggestion. Vous créez ce que vous craignez. La puissance des mauvais esprits est le résultat de l'attitude mentale qui reçoit de telles suggestions, et le subconscient réagit en conséquence. Les suggestions des autres n'ont pas le pouvoir de créer les choses qu'elles suggèrent.

La Puissance Créatrice est Votre propre pensée. L'antidote de tout ceci est une bonne conception de Dieu et de son amour. La Bible dit : *Dieu est amour.* Elle dit aussi : ... *Si Dieu est pour nous, qui sera contre nous ?* (Rom. 8 : 31). C'est alors que vous vous rendez compte que ... *l'amour parfait bannit la crainte...* (I Jean 4 : 18), avec le résultat qu'il n'y a pas de diable dans votre esprit et votre cœur, mais le règne de Dieu est suprême dans votre esprit. C'est merveilleux !

Je recommande au lecteur de lire le huitième chapitre (The Devil) de *Bible Mystery and Bible Meaning*, par le juge Thomas Troward. Dans le présent chapitre, j'ai disserté sur certains points sur lesquels s'est penché le juge Troward.

CHAPITRE 13

VOUS POUVEZ CONTRÔLER VOS CRAINTES

Regardez vos peurs en face — L'Abri secret — Les techniques de la Bible — Grâce à un verset de la Bible, elle a sauvé sa propriété — Qui est votre Seigneur? — La culpabilité et sa signification — Servez-vous de votre imagination — Le temps et l'espace n'existent pas pour Dieu — Dieu et Bon sont des synonymes — La prière chasse la crainte — Laissez l'Amour divin marcher devant vous.

Notes personnelles :

_____

_____

_____

_____

_____

_____

_____

_____

_____

_____

_____

_____

_____

La peur est la cause de grandes misères, et nous connaissons tous des craintes et des souffrances indicibles. Plusieurs ont peur de l'avenir, de la vieillesse, de l'insécurité, de quelques malaises ou maladies incurables, ou du verdict des médecins. Plusieurs sont remplis de crainte au sujet de leur famille, des comptes rendus des journaux et des media en général qui propagent tous des inquiétudes de toutes sortes. Les populations sont troublées par la peur des engins nucléaires, l'inflation et le crime.

Un grand nombre d'individus ont peur de la mort et de la solitude dans leur vieillesse. Il y en a d'innombrables milliers qui envisagent la mort avec égalité d'humeur et sérénité, parce qu'ils savent qu'il n'y a pas de mort, seulement la vie, et qu'ils vivent éternellement dans les nombreuses demeures (dimensions) de la maison de notre Père.

La nomenclature des craintes qui affligent l'esprit humain est sans limites. La réponse à toutes ces craintes est de se tourner vers la Présence de Dieu en soi. La foi en Dieu chasse la peur... *la crainte implique un châtiment et celui qui craint n'a pas atteint la perfection dans l'amour* (I Jean 4 : 18)

Vous commencez à penser et à parler dans un nouveau langage quand vous vous tournez vers Dieu en vous et que vous vous attardez mentalement sur les promesses de la Bible. Alors que vous continuez de méditer sur ces grandes Vérités, vous éprouverez un sentiment de paix et de sécurité. Examinez quelques-unes de vos peurs et vous allez découvrir que plusieurs sont sans fondement.

À l'occasion d'une causerie que j'ai donnée ici, à Leisure World, un homme m'a confié qu'il avait été un inquiet chronique pendant la plus grande partie de sa vie. Ses plus grandes inquiétudes ont été celles qui ne se sont jamais matérialisées, mais elles épuisèrent sa vitalité et provoquèrent chez lui des ulcères et une haute pression artérielle. Sur les conseils d'un praticien spirituel, il se mit à étudier et à mettre en pratique les enseignements des 23e et 27e Psaumes. Comme résultat, il a connu une guérison remarquable. Il se mit à contrôler et à discipliner sa pensée. Lorsque l'inquiétude s'emparait de son esprit, il récitait un verset ou deux de ces Psaumes et, après quelque temps, il surmonta ses inquiétudes. Il avait découvert que tous ses soucis étaient futiles et sans fondement.

Regardez vos peurs en face

Il n'y a pas lieu d'avoir honte lorsque de temps à autre vous avez peur ou êtes effrayé. Ce qu'il faut faire est de supplanter les pensées de crainte par des pensées à la ressemblance de Dieu. Ne combattez pas la peur dans votre esprit, surmontez-la immédiatement. Vous en êtes capable et ceci ne demande pas un effort surhumain ; il suffit de donner une nouvelle orientation à votre vie mentale.

L'Abri secret

Qui demeure sous l'abri du Très-haut, reposera à l'ombre du Tout-Puissant (Ps. 91 : 1). L'abri secret est dans votre propre esprit. Tournez-vous vers le dedans et rendez-vous compte que la Présence de Dieu vous habite. Vous pouvez communiquer avec cette Divine Présence par l'entremise de votre pensée, et vous obtiendrez une réponse précise.

Le mot *ombre* signifie protection, en quelque sorte comme une femme qui se sert d'une ombrelle pour se protéger contre les rayons pénétrants du soleil. Lorsque vous avez des pensées de crainte, dites et répétez à plusieurs reprises quelques versets du 91ᵉ Psaume. Faites-le paisiblement, avec conviction et sagesse, et vous sentirez que votre esprit et votre cœur sont envahis doucement et paisiblement, par un sentiment de paix et de sécurité. Quand vous atteindrez la paix d'esprit, vous serez dans l'abri secret, car Dieu est la paix et l'harmonie absolues.

L'habitude peut plonger votre esprit dans la crainte à maintes reprises ; mais persistez à supplanter les pensées de crainte par quelques versets du 91ᵉ Psaume, le premier et le second par exemple, et vous constaterez que, graduellement, vous devenez le maître de vos peurs. Chaque fois que vous vénérez des pensées constructives du genre de celles-ci : « L'amour de Dieu remplit mon esprit et mon cœur, » ou « La paix de Dieu remplit mon âme, » vous effacez vos craintes et renforcez votre foi et votre confiance en Dieu et dans son amour. Ainsi, vos peurs anormales diminueront graduellement et disparaîtront.

Les techniques de la Bible

La Bible contient de merveilleux textes pour surmonter la peur. Prenez l'habitude de lire les 97ᵉ, 27ᵉ, 46ᵉ et 23ᵉ Psaumes * et, graduellement, votre subconscient deviendra

---

* Voir *Songs of God*, par le docteur Joseph Murphy, DeVorss and Company Inc., Marina del Rey, Californie, 1979.

saturé des vérités éternelles et sera libéré. Le verset suivant accomplira des miracles dans votre vie : *Il n'y a point de crainte dans l'amour, mais l'amour parfait bannit la crainte, car la crainte implique un châtiment et celui qui craint n'a pas atteint la perfection dans l'amour* (I Jean 4 : 18).

L'amour est un attachement émotionnel. C'est une effusion de bonne volonté. Spirituellement, il signifie que vous reconnaissez la Présence de Dieu dans toutes ses créatures. Une femme qui était terrifiée par les chiens (probablement depuis son enfance quand elle avait été mordue par un chien, étant donné qu'elle se souvenait vaguement d'un tel incident), se mit à affirmer : « J'irradie mon amour pour tous les chiens. Ils aiment leurs maîtres et sauvent des vies. Dieu est présent dans toutes ses créatures. J'aime les chiens. Ils sont aimables, bons et coopératifs. »

Elle continua d'affirmer ces vérités et après quelque temps, elle était en paix avec les chiens. Elle n'en avait plus peur. Vous perdrez vos peurs quand vous comprendrez mieux qu'il n'y a qu'un Pouvoir Unique.

Méditez aussi sur ces paroles merveilleuses : *Le Seigneur est ma lumière et mon salut, qui pourrais-je redouter ? Le Seigneur est le rempart de ma vie, qui me ferait trembler ?* (Ps. 27 : 1)

Lorsque vous êtes dans la crainte, répétez sans cesse ces vérités et vous éprouverez un sentiment de paix intérieure et de sécurité. La Bible dit aussi : *Ne crains rien, car je suis avec toi...* (Isaïe 43 : 5). *Il ne redoute pas l'annonce de l'épreuve, son cœur est ferme et confiant dans le Seigneur* (Ps. 112 : 7). *Ne crains rien, car je suis avec toi ; ne jette pas des regards inquiets, car je suis ton Dieu. Je te fortifie et je viens à ton aide et je te soutiens de ma droite secourable. Car moi, le Seigneur, je suis ton Dieu qui fortifie ta droite, qui te dis : « Ne crains rien, moi, je viens à ton aide* (Isaïe 41 : 10, 13).

Choisissez un ou tous ces versets et récitez-les lentement, paisiblement et respectueusement, sachant qu'en répétant ces vérités, elles s'enracineront dans votre esprit subconscient pour bannir et supprimer la peur sous toutes ses formes. Vous vous sentirez plus fort et éclairé.

Grâce à un verset de la Bible, elle a sauvé sa propriété

Une femme faussement traduite en justice par des parents, au sujet d'une propriété, donna son adhésion à cette vérité... *Mais dès que je me sens trembler, je mets en toi mon espérance* (Ps. 56 : 4). Elle resta fidèle à sa foi et la cause fut renvoyée.

Réfugiez-vous dans les grands Psaumes. En vénérant ces Vérités dans votre esprit, vous découvrirez que vos craintes disparaîtront pour céder la place à un sentiment de paix et de sécurité.

Qui est votre Seigneur?

Car il me cachera sous sa tente, aux jours mauvais. Il me dissimulera dans le secret de son tabernacle, il m'élèvera comme sur un rocher (Ps. 27 : 5).

Dans le moment présent, qui est votre Seigneur et maître? Votre Seigneur est votre attitude mentale prédominante; c'est votre conviction ou croyance au sujet de vous-même, des gens et des choses. Ce Seigneur peut être un tyran. Par exemple, si vous êtes maintenant plein de ressentiment, c'est le Seigneur, ou tyran, qui gouverne vos actions et tous les aspects de votre vie. Si vous désirez investir de l'argent, acheter une nouvelle maison ou une propriété quelconque lorsque vous avez cette attitude mentale, vous agirez et parlerez de la mauvaise manière car votre humeur prédominante est négative. La loi dit : « Au-dedans comme au-dehors. » Vous avez peur de ce qui est bon pour vous et vous pourriez réagir de façon négative. La crainte est un manque de foi ou de confiance en Dieu, ou la négation de sa Toute-Puissance.

Le Seigneur est ma lumière et mon salut... (Ps. 27 : 1). Le Seigneur dont on parle ici est le Seigneur Dieu, ou la loi de Dieu ou du bien. Pour appliquer la loi du bien, et par conséquent bannir la crainte à tout jamais, enchâssez dans votre esprit des pensées de puissance, de courage et de confiance. Ces pensées entraîneront une humeur ou un sentiment correspondant, bannissant ainsi l'ennemi par excellence de votre succès et de votre santé.

La crainte, cet ennemi que vous fabriquez vous-même, doit être complètement détruite avant que le Seigneur Dieu ne puisse se refléter en vous. Votre crainte est le nuage qui cache le soleil de Dieu. Des hommes se sont fait des diables personnels avec la peur du passé, du présent et de l'avenir.

Notre attitude devant la vie détermine les expériences que nous allons vivre. Si nous attendons la malchance, nous serons malchanceux. L'étudiant de la vérité qui connaît la loi de Dieu ou du bien, ne s'attend qu'à la bonne fortune. Le monde n'est pas cruel ; il semble l'être parce que nous négligeons d'affirmer ou de proclamer la Présence de Dieu. Les hommes ont tellement peur de la critique que plusieurs de leurs plus belles pensées ne voient jamais le jour. Il n'y a pas de passé pour celui qui croit que Dieu est l'Unique Présence et l'Unique Puissance ; il sait qu'en croyant au pouvoir du passé, il ne croit plus à Dieu. Dieu est l'Éternel Présent ; il n'y a ni passé, ni futur, dans Dieu.

Ceci est l'Évangile, la bonne nouvelle. Le Karma n'existe pas ; ce n'est qu'une fausse et idiote croyance de l'homme : ... *Le voici à présent le jour du salut* (II Cor. 6 : 2) Le Royaume des cieux approche. Votre bien-être, votre santé et votre succès sont ici maintenant ; voyez-en la réalité et réjouissez-vous. Adoptez la conviction que vous êtes maintenant l'être que vous désirez être.

La culpabilité et sa signification

La seule culpabilité est la conscience de la culpabilité. ... *Si vos péchés sont comme l'écarlate, ils seront blancs comme la neige; s'ils sont rouges comme la pourpre, ils deviendront comme la laine* (Isaïe 1 : 18). Ceci est la bonne nouvelle. Le seul moment qui importe est le présent. Vous ne pouvez que vivre dans le présent, expérimenter dans le présent, planifier dans le présent et penser dans le présent. Tout ce que vous planifiez ou craignez, vous le planifiez maintenant. Quand vous savez que chaque forme de pénurie ou de limitation est le résultat de vos pensées et sentiments mauvais, vous connaissez la vérité libératrice. Les montagnes disparaissent.

Les aborigènes et l'homme primitif craignaient la nature. L'homme moderne a peur de ses semblables. Nous avons, dans une grande mesure, dispersé les fantômes de l'antiquité. Nous avons combattu les fléaux et nous pourrons bientôt contrôler les éléments. L'homme est drogué par la propagande moderne. Certains hommes ont peur de vivre et de parler. Des mères craignent pour leurs enfants. Tout ceci est attribuable à une croyance superstitieuse qu'il existe un autre pouvoir capable de défier Dieu.

Le seul mal qui existe est causé par l'ignorance des lois de la vie. Si nous mettons la main sur un fil à découvert, nous subissons une secousse électrique ; mais s'il est bien isolé, nous ne sentons rien. Le mal, ou la secousse, est attribuable à notre ignorance ; pourtant, tout homme admettra que l'électricité n'est pas mauvaise. L'homme en tire d'innombrables bienfaits. L'électricité sert à jouer de la musique, à faire marcher les trains, à frire des œufs, à passer les tapis à l'aspirateur et à éclairer le monde. Le mal, ou la crainte, est notre mauvaise application et notre compréhension incomplète de l'Omniprésence de Dieu, ou du bien. Là où est la peur, il ne peut y avoir d'amour ; l'erreur ne peut cohabiter avec la compréhension.

Le riche a peur de perdre ; le pauvre a peur de le demeurer. La seule richesse et la seule sécurité se trouvent dans la conscience où nous demeurons. Si nous sommes conscients d'être riches, rien au monde ne peut nous empêcher d'être prospères tant physiquement que financièrement. Les choses dont les hommes ont peur ne sont pas réelles. Seul l'Unique est réel ; seul l'Unique est Loi ; seul l'Unique est vérité.

Le médecin de la brousse des temps anciens nous a transmis plusieurs de ses superstitions ; par conséquent, d'innombrables cultes sèment aujourd'hui la peur dans l'esprit de plusieurs individus. Regardons les faits en face. La cause de la plupart des craintes est la peur que l'homme éprouve envers ses semblables. Plusieurs hommes prient ensemble le dimanche et s'entredéchirent le lundi.

La compréhension est la solution du problème de la peur. Toute crainte est due à l'ignorance. Si nous voulons exprimer l'harmonie, nous devons avoir des pensées et des sentiments harmonieux. Lorsque nous vivons dans un climat intérieur de confiance, de succès et de bonheur, nous exprimerons des résultats similaires dans tous les domaines de notre vie. Quand l'homme sait que toutes les formes de discorde, de maladie et de pauvreté sont attribuables à une mauvaise manière de penser, il connaît la vérité qui le rend libre.

Servez-vous de votre imagination

Apprenez à imaginer ce que vous désirez, puis ressentez la réalité de l'état recherché. C'est la façon la plus facile et la plus rapide pour obtenir des résultats. Certains obtiennent des résultats en se convainquant de la Vérité que Dieu est la seule Présence et la seule Puissance. Ceci est l'une des choses les plus merveilleuses à apprendre dans le monde entier.

Peu importe la cause de la crainte, vous n'avez que vous-même à soigner et à guérir. Vous devez vous convaincre qu'aujourd'hui vous êtes l'expression de la vie, de l'amour et de la vérité. Ne craignons ni les gens ni les choses ; occupons-nous à faire preuve de courage, de confiance et de puissance. En agissant ainsi, nous écraserons tous les obstacles sur notre passage, et les montagnes seront précipitées dans la mer.

Nous ne faisons qu'un avec le Pouvoir Infini. Lorsque nous disons que nous sommes faibles ou infirmes, nous disons un mensonge au sujet de Dieu. La peur éloigne de nous l'amour de Dieu, ou le bien, de même qu'une conscience de la pauvreté attire la pauvreté de santé, d'argent, de nos rapports en amour ou en affaires. L'homme doit cesser de prêcher la crainte à ses semblables et s'unir pour enseigner la vérité tout entière.

Le temps et l'espace n'existent pas pour Dieu

En vérité, il n'existe pas d'enfer, de diable, de purgatoire, de limbes ou de damnation de toutes sortes ; de plus, il n'y a pas de Karma que nous devons expier ici et l'avenir n'est pas mauvais. Dieu est l'Éternel Présent ! Ceci est une des plus importantes et dramatiques déclarations de toute la Bible : ... *Le voici à présent le jour du salut* (II Cor. 6 : 2). Dans le moment présent, tout ce que vous avez à faire est de vous tourner vers Dieu et de réclamer d'être ce que vous désirez être. Acceptez-le ; croyez-le ; et filez votre chemin joyeusement : ... *Si vos péchés sont comme l'écarlate, ils seront blancs comme la neige ; s'ils sont rouges comme la pourpre, ils deviendront comme la laine* (Isaïe 1 : 18) ... *(Pardonnez) jusqu'à soixante-dix fois sept fois* (Matt. 18 : 22) ... *Aujourd'hui tu seras avec moi dans le paradis* (Luc 23 : 43).

Cessons de semer la crainte dans l'esprit des jeunes gens ; enseignons-leur les faits réels. Nous ne pouvons prêcher la tolérance réligieuse à moins de la vivre nous-mêmes. Nous devons enseigner la Vérité. Nous ne devons pas déformer la vérité dans le but d'occuper une position ou de peur que les gens ne reviennent plus. La stagnation et la frustration spirituelles sont les résultats de ce type de peur. Gardons l'œil sur le Royaume des Cieux, non pas sur le royaume de la terre. Nous devons enseigner aux hommes à connaître la Vérité, et la Vérité leur rendra la liberté. La Vérité est; l'homme est la foi exprimée!

Il n'y a pas de crainte là où règne la foi en Dieu. La crainte de l'homme n'existe pas là où règne l'intégrité dans la conscience de chacun. La crainte de la critique n'existe pas là où la conscience de la bonté s'installe dans l'esprit de l'homme. La religion est la bonne volonté à l'œuvre, ou la mise en pratique de la règle d'or. Donc, nous avons dit que la peur est la faiblesse fondamentale de l'homme, et elle n'est fondée que sur l'ignorance.

... Car il me cachera sous sa tente, aux jours mauvais; Il me dissimulera dans le secret de son tabernacle; Il m'élèvera comme sur un rocher (Ps. 27: 5). La *tente* est un canope ou couverture; ceci signifie que la couverture devra être le vêtement de Dieu (attitude de bonté). Pensez à Dieu. Commencez à vous demander: «Que signifie Dieu pour moi?» Découvrez que Dieu, ou JE SUIS, est la vie en vous; votre propre conscience, et qu'il est Tout-Puissant.

Dieu et Bon sont des synonymes

Par exemple, quand un homme est en prison il désire la liberté automatiquement. Dieu et bon sont synonymes. Il se met à penser à la Puissance et à la Sagesse Infinies en lui. Il sait qu'elles ont des moyens qu'il ne connaît pas pour lui redonner sa liberté. Par conséquent, il imagine le contraire, c'est-à-dire la liberté. Même s'il est derrière les barreaux, il médite et imagine qu'il est chez lui en train de converser avec ceux qu'il aime. Il entend des voix familières et sent, sur sa joue, les baisers de bienvenue de ses enfants. Ceci est se cacher sous sa *tente*. Le prisonnier actualise cet état en ressentant la joie d'être chez lui. Il est possible d'atteindre un niveau de conscience assez élevé, dans cinq ou dix minutes, pour provoquer une conviction subjective. Ceci est la signification de: ... *Il me dissimulera dans le secret de son tabernacle...* (Ps. 27: 5). La loi est: Tout ce qui s'imprime s'exprime ; par conséquent, les portes de la prison s'ouvrent pour lui d'une façon qu'il ne connaît pas : ... *Ses voies sont impénétrables* (Rom. 11 : 33).

Nous pouvons lire dans les Écritures : *Ne crains rien, petit troupeau, car il a plu à votre Père de vous donner le royaume* (Luc 12 : 32). Jésus nous dit que ce royaume est en nous ; le Royaume des Cieux, ou l'harmonie est en chacun de nous. La Sagesse Infinie, l'Intelligence Divine et la Puissance infinie sont à la disposition de tous les hommes, car Dieu est en eux et Il est véritablement leur vie. Chacun peut se prouver à lui-même que le Royaume des Cieux est proche. Il est ici maintenant. Jésus l'a vu et y a vécu. Nous sommes daltoniens ; c'est pourquoi nous ne le voyons pas. Cet aveuglement est causé par l'ignorance et la peur. Nous sommes aveuglés par des siècles de fausses croyances, de superstitions, de principes et de dogmes aussi faux les uns que les autres. La Vérité est tellement voilée par de faux dogmes, que nous avons créé Dieu et un ciel selon nos propres concepts. Pour nous, Dieu est ce que nous croyons qu'Il est. L'homme a créé un personnage horrible, dans les cieux. Il se représente un Dieu capricieux et vengeur, ou un être impénétrable qui nous envoie des guerres et des fléaux. Nous créons notre propre enfer et notre propre ciel, selon l'idée que nous nous faisons de Dieu. Chacun peut prouver que le Royaume des Cieux est proche.

La prière chasse la crainte

Permettez-moi de vous raconter l'histoire d'une fillette qui l'a prouvé. Elle vivait avec un père qui rentrait à la maison ivre tous les soirs et qui, parfois, la brutalisait. Elle vivait dans une peur constante de son père. Elle s'occupait de la maison pour lui. À cause de la frustration, son visage était couvert d'acné.

Nous ne vivons pas avec des gens, nous vivons avec l'idée que nous avons d'eux. Consciente de cette vérité, la fillette ferma les yeux pour méditer sur le Pouvoir de Dieu en elle. Elle cessa de voir son père dans les vêtements ou le caractère d'un ivrogne. Elle imagina plutôt un père affectueux, bon, parfaitement calme, assuré et équilibré. elle le couvrit de vertus, et son ... *jugement était comme manteau et tiare* (Job 29 : 14), ce qui veut dire qu'elle vit son père tel qu'il devait être. Le fait que son père buvait beaucoup signifiait qu'il cherchait l'évasion pour dissimuler un complexe d'infériorité ou un sentiment subjectif d'incapacité. Autrement dit, il essayait de se fuir lui-même.

La fillette prononça la parole qui devait le guérir. Elle détendit tout son corps, ferma les yeux et se mit à dire : «Comment me sentirais-je si mon père était affectueux, bon et paisible?» Elle médita sur la solution, ce qui la plongea dans un état de paix, de confiance et de joie intérieures. Elle le revêtait de vertus. Son jugement était le *manteau et la tiare.*

Lorsque vous passez un jugement, vous prenez une décision. C'est le verdict final et vous êtes le juge qui rend jugement : ... *Je juge d'après ce que j'entends...* (Jean 5 : 30) Son verdict était une audience ou un sentiment intérieur qui lui fit voir son père souriant, heureux et joyeux. Elle s'imagina qu'il lui racontait à quel point il se sentait merveilleusement bien et qu'il avait trouvé la paix, l'équilibre et l'assurance. Elle l'entendit également lui dire qu'il la trouvait merveilleuse. Elle frissonna de joie de voir que son père était guéri et rendu à lui-même. *Il portait une robe sans couture :* point de trous, point de pièces et point de coutures. Ceci veut dire qu'elle avait médité dans un état d'amour, de paix et d'unité avec son idéal. Il n'y avait ni doutes, ni craintes, ce qui signifie *jugement comme manteau. Jugement comme tiare* signifie qu'elle donna *de la beauté aux cendres*, ce qui veut dire qu'elle a vu et senti de la beauté dans son père.

Après une semaine de ce traitement, son père était complètement guéri; de plus, il était devenu un autre homme. Son comportement était complètement transformé;

lui et sa fille sont maintenant très près l'un de l'autre. Elle a prouvé que le Royaume des Cieux (la paix et l'harmonie) est ici MAINTENANT. De quoi avons-nous peur ? *Si Dieu est pour nous, qui sera contre nous ?* (Rom. 8 : 31). Ce que vous craignez n'existe pas.

Par exemple, un homme peut vivre dans la peur que son entreprise échoue. Son entreprise marche bien ; lui-même n'est pas au bord de la faillite. Les affaires sont comme d'habitude, peut-être même sont-elles excellentes. L'échec n'existe pas, sauf dans son imagination. Job a dit : ... *ce que je redoute le plus m'arrive* (Job 3 : 15). Job est tout homme qui marche sur la terre. Par conséquent, lorsqu'un homme d'affaires prospère se complaît dans des pensées de faillite, tôt ou tard son état d'esprit se cristallise et devient une impression, ou conviction subjective.

Tout sentiment qui s'imprime sur l'esprit subconscient, devient manifeste selon une loi immuable de la vie. Le subconscient, qui est impersonnel et devant lequel tout est égal, dit : « John veut échouer dans ses affaires, » et procède avec des moyens qu'il (John) ne connaît pas, à matérialiser cet échec. Chacun sait qu'il est le seul responsable de son malheur à cause de son imagination et de ses sentiments.

Laissez l'Amour divin marcher devant vous

J'ai connu une dame qui venait de lire un article au sujet d'un accident d'avion. Elle voulait s'envoler vers Los Angeles, mais elle vivait dans la crainte d'un accident. Une pensée négative ne peut vous faire de tort, à moins d'être alimentée par la peur. Pour devenir subjective, elle doit s'accompagner d'émotions. Cette dame ne savait pas ce qu'elle faisait ; elle ignorait les lois de la vie. Cette ignorance est la cause de tous nos accidents et malheurs. Après s'être imaginée dans un accident d'avion et avoir pourvu cette pensée négative d'une émotion de crainte, elle fut plongée dans un état subjectif. Quand elle entreprit ce voyage deux mois plus tard, elle fut victime de cet accident qu'elle « savait » devoir se produire.

Quand une femme a peur que son mari l'abandonne, voici comment vaincre ces impressions. La crainte est un sentiment négatif qui se communique à l'autre. S'il ne connaît pas les lois de la vie, sa conviction à son sujet se manifestera. Autrement dit, il fera ce qu'elle a peur qu'il fasse, parce qu'elle avait cette conviction à son sujet. Elle doit remplacer cette peur en voyant son mari qui rayonne de paix, de santé et de bonheur. Au cours de sa méditation du matin et du soir, elle doit dégager une humeur d'amour et de paix, et penser que son mari est l'homme le plus merveilleux au monde. Elle sent qu'il est affectueux, bon et dévoué. Elle s'imagine qu'il lui dit combien elle est merveilleuse et combien il est heureux, libre et équilibré. Son état de crainte est devenu un état d'amour et de paix. C'est l'Esprit de Dieu qui agit en sa faveur. Alors qu'elle poursuit cette démarche, cet état d'esprit s'installe en elle. Maintenant, elle sait : *Il ne m'a jamais abandonné* (Zep. 3 : 5), et que... *le parfait amour chasse la peur...* (I Jean 4 : 18).

Notre prière quotidienne ou notre état d'esprit de tous les jours doit être une attente joyeuse ou une attente confiante de toutes les bonnes choses. Ceci est notre plus belle prière. Si nous attendons ce qu'il y a de meilleur, nous recevrons ce qu'il y a de meilleur. L'essentiel, c'est notre état d'esprit.

Le métaphysicien moderne enseigne que Dieu est le principe de vie dans l'homme. Si vous vous sentez rempli de foi et de confiance, c'est l'action de l'Esprit de Dieu en vous, et il est tout-puissant : ... *Il n'y a personne qui lui frappe sur la main et lui dise « Que fais-tu ? ».* (Dan. 4 : 35) Dieu est la conscience propre de l'homme ; il n'y a pas d'autre Dieu. Conscience signifie existence, vie et connaissance.

Vous qui me lisez, vous savez que vous existez. Cette connaissance que vous existez est Dieu. Ce dont vous vous rendez compte est votre conception de Dieu. Chaque homme doit se demander : « De quoi suis-je conscient ? »

La réponse à cette question est sa croyance en Dieu. C'est ce qu'il sait au sujet de Dieu. Quand il répond : « Je suis conscient du besoin, je suis craintif, je suis malade, » ce ne sont que des mensonges tout à fait dépourvus de vérité. Quand un homme dit : « Je suis craintif », il dit que Dieu est rempli de crainte, ce qui est un non-sens. Quand il dit : « Je suis dans le besoin », il raconte un mensonge et nie l'abondance et l'approvisionnement infini de Dieu. Sa confiance est dans l'échec et il réussit à devenir un échec. Il croit un mensonge, mais ne peut prouver ce mensonge. Cette fausse situation lui semble réelle aussi longtemps qu'il s'y attarde. Lorsqu'il cesse d'y croire, il est libre et guéri.

CHAPITRE 14

LE POUVOIR DE SUGGESTION

Le travail de la suggestion — Votre autosuggestion — Les merveilles de votre esprit profond — Il a rendu visite à un Kahuna — Les guérisons — Le fétichiste — Guérisons chez les aborigènes de l'Amérique du Nord — La vérité est éternelle — Pour vaincre l'alcoolisme — Les commentaires de Darwin — Le contrôle des animaux — Elle eut une guérison remarquable — Des paralytiques marchent et courent — Les annales de la médecine — Son mari a des nausées matinales.

Notes personnelles :

_____

_____

_____

_____

_____

_____

_____

_____

_____

_____

_____

_____

_____

———————————————————

———————————————————

———————————————————

———————————————————

———————————————————

———————————————————

———————————————————

———————————————————

———————————————————

———————————————————

Vous connaissez l'expression biblique : ... *Ta foi t'a sauvée* (Marc 5 : 34). La signification évidente est que le pouvoir qui guérit réside dans l'individu et non pas sous une forme étrangère. Jésus a proclamé la foi comme facteur prédominant dans le processus de guérison. La foi est l'attitude mentale de l'individu, laquelle fait agir les facteurs spirituels dans chacun de nous. Il existe plusieurs méthodes de guérison dans le monde d'aujourd'hui. Elles varient dans les nombreux pays de la terre. Toutes ces méthodes ont le même prérequis, c'est-à-dire la confiance de la part du malade ; c'est alors que les résultats s'ensuivent.

La Bible raconte que Jésus ne pouvait accomplir de nombreux miracles parmi les gens de son village à cause de leur incrédulité. Pour obtenir des résultats positifs, il est nécessaire que vous compreniez les principes qui s'y rapportent.

Votre esprit possède deux phases, généralement connues comme l'esprit objectif et l'esprit subjectif, ou encore comme l'esprit conscient et l'esprit subconscient. Plusieurs appellent ces deux phases de votre esprit le supraliminal et le subliminal. Le conscient, ou l'esprit objectif, est l'esprit conscient à l'état d'éveil ordinaire, qui prend conscience du monde objectif au moyen des cinq sens ; par contre, l'esprit subconscient * est le constructeur du corps et se manifeste dans tous les états et conditions subjectifs, comme dans l'hypnotisme, le sommeil, la clairvoyance, la clairaudience, le somnambulisme, les transes, les rêves, etc., lorsque l'esprit conscient est endormi ou complètement ou partiellement subjugué. Votre subconscient est toujours actif ; il ne dort jamais.

Le travail de la suggestion

N'oubliez pas que votre subconscient est toujours susceptible d'être contrôlé par le pouvoir de suggestion. Il y a une ligne précise de différenciation entre les deux phases de votre esprit tant du point de vue de leurs pouvoirs que du point de vue de leurs limitations. L'un des corollaires de la loi de suggestion est que votre esprit subconscient ne peut raisonner de manière inductive, c'est-à-dire qu'il n'est pas capable de mener une recherche indépendante en recueillant des données, les classant et évaluant leurs valeurs relatives fondées sur l'évidence.

Votre subconscient accepte toutes les suggestions qui lui sont transmises, que ces suggestions soient vraies ou fausses. Sa méthode de raisonnement est purement déductive et son pouvoir de déduction semble presque parfait. Souvenez-vous, tout ceci est vrai, que la prémisse soit vraie ou fausse. C'est-à-dire que les déductions de votre subconscient sont aussi logiquement justes, qu'elles découlent d'une vraie prémisse ou d'une fausse prémisse. C'est pourquoi les suggestions que vous faites à votre esprit subconscient sont si importantes.

---

* Voir *The Power of Your Subconscious Mind*, par le docteur Joseph Murphy, Prentice-Hall Inc., Englewood Cliffs, N.J., 1963.

Votre autosuggestion

Souvenez-vous, que toutes choses étant égales, une autosuggestion est aussi puissante qu'une suggestion venant d'une autre personne. Lorsque votre subconscient se trouve en face de deux suggestions contraires, la plus forte l'emporte nécessairement. Vous pouvez rejeter toutes les suggestions négatives qui vous sont faites et, en même temps, contempler le Pouvoir Unique, le Pouvoir de Dieu, qui œuvre et agit en vous, neutralisant ainsi toutes les suggestions négatives qui vous sont faites.

Les merveilles des profondeurs de votre esprit

Votre corps entier est fait d'une confédération de cellules intelligentes, et chacune remplit ses fonctions avec une intelligence étonnante, conformément aux tâches qui lui sont attribuées. Votre corps est composé de milliards de cellules, et votre corps ne se repose pas pendant que vous dormez : ce n'est qu'une illusion. Votre cœur bat, vous respirez régulièrement, vous digérez et assimilez sans arrêt, le sang continue de circuler, le corps transpire, les cheveux poussent, de même que les ongles, etc. Votre corps fonctionne au ralenti, mais, en réalité, il ne se repose pas.

C'est votre esprit conscient qui se repose alors que vous vous retirez des vexations, des dissensions et des anxiétés de la journée. Quand vous dormez, votre esprit conscient devient inactif et la sagesse et l'intelligence de votre subconscient vous prennent en charge. Le procédé de guérison a lieu pendant que vous dormez. C'est pourquoi vous pouvez lire dans le 23ᵉ Psaume : *Il restaure mon âme... Il donne le sommeil à son bien-aimé* (Ps. 127 : 2).

Elle a rendu visite à un Kahuna

Une femme qui habite à Leisure World m'a dit qu'il y a environ dix ans, elle a été atteinte d'une maladie que l'on disait incurable. Elle décida d'aller voir un kahuna, c'est-à-dire un prêtre indigène des îles Hawaï. Elle m'a raconté qu'elle s'était livrée à un certain rituel de prière, incluant des incantations du pays qu'elle n'avait pas comprises. Au bout d'une demi-heure environ, il lui dit qu'elle devrait répéter : « Dieu est » sans arrêt, le soir en s'endormant, et qu'elle serait guérie.

Elle m'a dit qu'elle a été si impressionnée par son attitude qu'elle était convaincue que la guérison suivrait. Ainsi, lorsqu'elle se réveilla le lendemain matin, elle savait instinctivement et intuitivement qu'elle était guérie. Tous les examens subséquents confirmèrent ce qu'elle savait intérieurement.

Ceci démontre le pouvoir de la foi, ou une acceptation mentale complète de sa part, qui libéra la Présence Infinie de la Guérison en elle et lui rendit la santé et la perfection. Ce partenaire silencieux dans chacun de nous est toute sagesse. Nommez-le en vous-même, la sagesse et l'intelligence du subconscient ou le Moi-supérieur. Le fait est que cette présence et cette sagesse sont dans chacun de nous, et c'est notre privilège donné par Dieu d'entrer en contact avec cette Intelligence Supérieure et de l'utiliser. La Bible dit : *Renoue donc amitié avec lui et fais la paix...* (Job 22 : 21)

Les guérisons

Partout dans le monde, il y a des organismes, des églises et des individus qui opèrent des guérisons mentales, psychiques et spirituelles. Plusieurs essayent de prouver que seule leur méthode est bonne. Évidemment ceci n'est pas vrai car tous obtiennent des guérisons. Le sorcier des Indiens Blackfoot et le docteur-sorcier d'Afrique guérissent également.

Il y a une présence universelle de guérison à la disposition de tous. La méthode de guérison est la foi, qu'il s'agisse d'une foi aveugle ou d'une foi véritable. Cette dernière est basée sur la connaissance du fonctionnement de votre esprit intérieur. Soulignons en passant et constatons que pour des temps incalculables, la suggestion était le seul outil thérapeutique dont l'homme pouvait disposer. La médecine, si nous examinons son évolution depuis Hippocrate, le père de la médecine qui pratiquait aux environs de 400 av. J.-C., est devenue aujourd'hui une vaste et moderne institution, comparativement à cette longue lignée de guérisseurs à travers les siècles qui accomplissaient de merveilleuses guérisons, grâce au pouvoir de suggestion sous toutes ses innombrables formes.

Toute forme de croyance qui inspire la confiance du malade, lorsqu'elle est supplémentée par une suggestion correspondante de guérison, est définitivement efficace. On peut dire que tout ce qui inspire la confiance au malade constitue une thérapie de guérison efficace.

Le fétichiste

Il y a des fétichistes qui croient qu'une sculpture de bois ou d'ossements possède des pouvoirs magiques ou est douée d'énergies ou de propriétés capables de guérir ou de protéger, au gré de celui qui la possède. Parfois, on croit que le fétiche est habité par un esprit surnaturel et reçoit sa puissance grâce à la présence de cet esprit.

À travers le monde, plusieurs malades invoquent l'aide de ces bâtons, arbres ou ossements, soi-disant habités par des esprits ; et, lorsque le sorcier accomplit les rites appropriés, ils recouvrent la santé. Pourquoi ? Parce que la cérémonie, ou rituel, constitue une puissante suggestion qui active le pouvoir de guérison qui est présent dans l'esprit subconscient. De plus, la cérémonie inspire la confiance et la réceptivité, libérant ainsi l'Intelligence Infinie qui contrôle le corps.

Guérisons chez les aborigènes de l'Amérique du Nord

Quelques aborigènes de l'Amérique du Nord croient que les mauvais esprits sont la cause de toutes les maladies. Le sorcier dit à son malade qu'il a le pouvoir d'effrayer et de chasser les mauvais esprits au moyen d'incantations, de contorsions corporelles, de bruits effrayants, le tout agrémenté d'un maquillage grotesque et bizarre. Le malade est grandement influençable et, naturellement, très réceptif ; les mauvais esprits se sauvent en deux temps trois mouvements, et le malade récupère. Il serait idiot de dire qu'il n'y a pas eu de guérison. Cependant, tout est basé sur des suggestions : rien de moins, rien de plus.

Un indien très éduqué et docteur en médecine, m'a raconté que pour l'esprit rudimentaire et illettré de ces pauvres Indiens, cette méthode de guérison est souvent plus efficace que les médicaments matériels du médecin moderne et très renseigné. Tous les moyens de guérison sont efficaces dans l'exacte mesure de leur capacité d'inspirer la confiance.

Par conséquent, il ne faut pas s'étonner qu'à l'époque de l'homme primitif, alors que la superstition et l'ignorance étaient universelles, il y avait un nombre incalculable de méthodes de guérison. Il est stupide de se moquer des croyances et des pratiques primitives en vogue quand le genre humain était encore dans son enfance. La présence universelle de la guérison de Dieu est à la portée de tous. Dans sa mansuétude infinie, Dieu a établi une loi subconsciente adaptée à la croyance de chaque niveau de l'intelligence humaine. Toutes les méthodes de guérison sont adaptées à un degré spécifique d'intelligence.

La vérité est éternelle

Rien n'est permanent sauf la Vérité. L'erreur perd sa vitalité au soleil de la Vérité ; ainsi, toutes les institutions qui reposent sur une erreur de base ne peuvent durer de façon permanente en présence de la Vérité fondamentale. Les mauvais systèmes et techniques peuvent durer longtemps, mais leurs effets bienfaisants sont de moins en moins évidents et ils finissent par disparaître.

L'action et la réaction sont toujours égales. Ainsi, quand un étudiant de la Vérité apprend la base de toutes ces formes de guérison, il sait qu'il n'y a qu'une seule Présence de Guérison qui répond à son appel et qui répond à tous. Puis, il délaisse tous les systèmes populaires de guérison qui sont erronés car il sait la Vérité et comprend le mécanisme de l'Esprit. L'étudiant de la Vérité ne cherche plus une intelligence accessoire; il regarde plutôt en lui-même et se rend compte qu'il peut contrôler les fonctions de son esprit subconscient, qui, à son tour, contrôle toutes les fonctions vitales. La foi de l'étudiant de la Vérité est fondée sur la connaissance des lois de l'esprit, non pas sur une crédulité aveugle.

Pour vaincre l'alcoolisme

Nul ne peut suggérer les principes universels à quelqu'un d'autre sans en bénéficier lui-même. Par exemple, certains hypnotiseurs professionnels m'ont dit que lorsqu'ils font des suggestions à un alcoolique, ils se sentent eux-mêmes guéris de l'alcoolisme. Autrement dit, ils m'ont affirmé qu'il leur est impossible d'être des ivrognes quand ils dispensent des suggestions pour enrayer l'habitude de boire chez un malade. Un hypnotiseur m'a raconté qu'il ne pouvait supporter l'odeur ou le goût de l'alcool après avoir fait une série d'affirmations et de suggestions à un alcoolique; par la suite, la senteur et le goût de l'alcool le rendaient malade.

La loi de l'esprit veut qu'une autosuggestion soit aussi efficace qu'une suggestion venant de quelqu'un d'autre. L'esprit conscient suggère et l'esprit subconscient accepte la suggestion et y croit au point d'agir en conséquence.

Plusieurs personnes ont recours à l'autosuggestion pour arrêter de fumer, de faire des excès de boisson et pour se défaire d'autres mauvaises habitudes. En d'autres mots, chacun peut se défaire lui-même d'une habitude quelconque s'il le *désire sincèrement*. Il arrive souvent qu'un alcoolique consulte un spécialiste sans avoir, dans son cœur, un désir véritable de se libérer de son habitude. Ceci suscite une autosuggestion contraire qui, nécessairement, fait échouer l'opérateur ou le spécialiste.

Souvenez-vous qu'il est très important de savoir que toutes les suggestions faites à un malade réagissent sur celui qui les fait. L'action et la réaction sont toujours égales. Ce principe s'applique autant à l'énergie mentale qu'à l'énergie physique. C'est comme la qualité de miséricorde : « Elle apporte un double bienfait : à celui qui donne et à celui qui reçoit. »

Les commentaires de Darwin

Dans l'*Origine des Espèces*, Darwin mentionne que les actions intelligentes des animaux, après avoir été accomplies pendant plusieurs générations, se transforment en instincts et sont héréditaires, comme lorsque les oiseaux des îles océaniques fuient l'homme. Cette référence aux oiseaux des îles océaniques est très intéressante car elle souligne la façon d'agir de l'esprit subjectif des animaux et des oiseaux. Quand l'homme a visité pour la première fois ces îles désertes, il a constaté que les oiseaux n'avaient aucunement peur des bipèdes qui marchaient parmi eux, mais ils eurent vite fait d'apprendre leur leçon : ces bipèdes possédaient une arme qui leur était fatale. Cette situation fut transmise subjectivement à leur descendance, et chaque fois qu'ils voyaient un homme par la suite, ils s'enfuyaient à tire-d'aile. Des chasseurs nous ont raconté que ces oiseaux apprirent bientôt à mesurer avec grande précision la portée effective des fusils de l'homme. Graduellement, à travers plusieurs générations, la peur de l'homme se transforma en un instinct héréditaire. Ensuite, le plus jeune des oiseaux éprouvait la même crainte envers son ennemi, l'homme, que ses ancêtres expérimentés.

Le contrôle des animaux

Si ce n'était de la loi de suggestion, il serait impossible pour l'homme de dompter un tigre, d'apprivoiser un éléphant ou de domestiquer un cheval sauvage. Le cheval est subjectif et sujet au contrôle conscient de l'homme. Pour être assujetti à l'homme, il faut amener le cheval à croire que l'homme est beaucoup plus fort que lui. Généralement, un dompteur de chevaux parvient à son but en renversant l'animal et en le retenant au sol jusqu'à ce qu'il cesse de se débattre. L'homme lui attache les pattes avec un lasso. Quand l'homme a réussi à prouver sa supériorité, le reste est facile ; la suggestion de l'homme qu'il possède une force supérieure a été transmise à l'esprit subconscient du cheval, qui se rend compte qu'il est inutile de s'acharner contre une telle puissance. L'esprit subconscient du cheval est sensible à la suggestion et au contrôle de l'esprit conscient de l'homme.

Ce principe domine dans tous les affrontements entre l'homme et les animaux inférieurs. L'homme réussira à rendre l'animal obéissant et docile en permanence, dans la même mesure où il réussira à transmettre ses suggestions à cet animal qu'il veut dompter. L'homme est capable d'affirmer et de conserver sa domination sur une créature animale en vertu de la loi de suggestion.

Elle eut une guérison remarquable

Il y a quelques mois, alors que je parlais à Atlanta, Georgie, une femme me rendit visite. Au cours de notre conversation, elle m'a raconté que l'année précédente, deux bandits s'étaient amenés dans son magasin et lui avaient ordonné de faire vite et d'ouvrir le coffre-fort. Elle marchait avec des béquilles et elle s'est objectée en disant que son mari devait arriver dans quelques minutes et que c'était lui qui ouvrait le coffre-fort habituellement car elle ne pouvait se pencher qu'avec difficulté. C'est alors qu'un des bandits pointa son arme sur sa tête et lui dit : « Je vous donne trente secondes pour ouvrir ce coffre-fort ; sinon, je vous fais sauter la cervelle. » Elle se débarrassa de ses béquilles et ouvrit le coffre-fort. Elle n'eut plus jamais besoin de ses béquilles après cet incident.

L'instinct de conservation est la première loi de la nature ; l'idée de sauver sa vie à tout prix s'empara de son esprit et toute la puissance de l'Infini se dirigea vers ce point focal et accomplit une remarquable guérison. La puissance de Dieu, ou la Présence Infinie de la Guérison, était en elle pendant tout ce temps, mais elle n'y avait jamais eu recours, donc il restait à l'état latent. L'Esprit Vivant Tout-Puissant était en elle, comme il est dans tous les individus. Il ne peut être ni paralysé ni infirme. Aux prises avec un si grand choc, elle oublia son infirmité et libéra ce pouvoir qui transporte les montagnes.

Des paralytiques marchent et courent

Feu le docteur Frédérick Bailes m'a raconté que plusieurs paralytiques impuissants étaient confinés dans un hôpital de l'Afrique du Sud lorsqu'un boa constricteur réussit à s'introduire dans la salle en passant par une fenêtre ouverte. Tous les paralytiques sortirent en courant vers la cour extérieure, et tous se trouvèrent complètement guéris.

Les annales de la médecine

Plusieurs médecins des États-Unis et d'ailleurs ont rapporté dans des revues médicales des tours de force extraordinaires et des guérisons soi-disant miraculeuses qui se sont produits à l'occasion de grands chocs comme des incendies, une catastrophe soudaine ou un état d'extrême urgence. L'article suivant a été publié dans le *National Enquirer* du 29 janvier 1980 :

Une ménagère toute menue soulève une automobile de 4500 livres pour dégager un enfant qui était coincé sous une roue

Déployant une force surhumaine, une femme de 118 livres a soulevé une Cadillac de 4600 livres avec ses mains nues pour libérer une fillette de huit ans qui était coincée sous une roue avant.

« Tout ce que je pense, c'est que Dieu m'a donné la force, » de dire Martha Weiss, âgée de 44 ans et qui mesure cinq pieds et trois pouces.

Aujourd'hui, les enfants l'appellent « La femme miraculeuse, » et la police lui a remis une citation pour bravoure.

Ce drame déchirant s'est produit lorsque madame Weiss a vu l'automobile frapper la petite Berta Amaral en face de Notre-Dame de Mont-Carmel, à San Diego, et la tirer sur une distance de 20 pieds avant de s'arrêter sur elle.

« Tout le monde semblait saisi d'horreur », d'ajouter madame Weiss, qui venait de conduire ses propres enfants à l'école.

« La mère de la fillette rampait sous l'automobile et essayait de l'atteindre.

« Je ne pensais à rien d'autre qu'au désespoir de cette femme pendant qu'elle essayait de sauver sa fille.

« Je savais qu'il fallait que je fasse quelque chose. J'ai couru et j'ai saisi l'avant de l'automobile.

« La fillette se trouvait sous la roue avant, à droite. Elle ne pouvait respirer. J'ai prié tout bas et j'ai forcé tant que j'ai pu. Je sentais le métal qui me coupait les doigts, mais l'automobile ne bougea pas d'un pouce.

« Je me suis penché sur le visage pitoyable qui gisait sous l'automobile, et je savais qu'il fallait que je soulève cette automobile.

« J'ai essayé encore une fois et, d'abord, il ne s'est rien produit. Puis, soudainement, j'ai senti mon corps envahi par une nouvelle force. Il semblait qu'une main invisible venait m'aider tout à coup et l'automobile se mit à lever. Je ne pouvais croire ce qui se produisait vraiment, mais je me suis mis à crier à la mère de la fillette de tirer pour la dégager.

« Pendant que son petit corps était libéré de l'automobile, j'ai soudainement ressenti tout son poids qui me coupait les doigts encore une fois et j'ai dû la laisser tomber. »

La jeune Berta fut transportée d'urgence à l'hôpital le plus près après cet accident qui s'est produit le 6 décembre et elle est aujourd'hui en train de se rétablir.

Le constable Bill Robinson, de San Diego, qui enquêta sur cet accident qui a valu une citation officielle à madame Weiss, a raconté à *The Enquirer :*

« L'automobile pesait environ deux tonnes et demie, et elle souleva le poids de tout l'avant-train pour dégager l'enfant. J'ai entendu dire que des hommes avaient réussi des exploits semblables, avec un coup d'adrénaline, mais jamais une femme. Je n'en reviens pas ! »

« Un porte-parole de Cadillac a dit que l'automobile, un Coupé de Ville de l'année 1968, pesait 4 595 livres. Le conducteur a été accusé de conduite dangereuse. »

Parlant de son exploit, madame Weiss a fait le commentaire suivant : « Je l'ai fait simplement parce qu'il fallait le faire. Mes enfants racontent à tout le monde que leur mère est "La femme miraculeuse", mais Dieu s'est sûrement servi de moi ce jour-là ».

—Malcolm BOYES

Le regretté Henry Hamblin, éditeur de *Science of Thought Review*, Chichester, Angleterre, m'a parlé d'un homme qui avait vécu près de chez lui. Il était complètement paralysé par la polio et ne pouvait se déplacer que lentement avec deux béquilles. Ses deux fils, âgés de six et sept ans, étaient dans la pièce à côté lorsque la maison prit feu. Il s'était précipité pour prendre ses deux garçons sur ces épaules et descendre l'escalier en courant. Il avait couru jusque dans la rue et demandé à un voisin d'appeler le service d'incendie. Après cet incident, il a marché pendant des années, complètement guéri. L'idée de sauver la vie de ses deux petits garçons s'était emparée de son esprit, et le pouvoir du Tout-Puissant avait agi en sa faveur et il avait réagi en conséquence. L'amour peut tout conquérir.

Son mari a des nausées matinales

Dernièrement, je recevais en consultation un homme qui avait souffert, en même temps que sa femme enceinte, les affres de ce qu'il appelait les « les nausées matinales ». Je l'envoyai voir un médecin de mes amis, mais celui-ci n'a pu trouver quoi que ce soit d'anormal dans son état de santé. Ce phénomène n'est pas étrange ; la cause en était attribuable à ses rapports subconscients avec sa femme. Leur communication télépathique constante provoquait les mêmes symptômes. Il s'agissait d'une sympathie psychologique entre mari et femme.

Je lui ai proposé la prière suivante à réciter trois ou quatre fois par jour :

« *Son caractère est ferme ; il conserve la paix ; car il se confie au Seigneur* (Isaïe 26 : 3). Je sais que les désirs intérieurs de mon cœur viennent de Dieu en moi. Dieu veut que je sois heureux. La volonté de Dieu pour moi est la vie, l'amour, la vérité, et la beauté. Mentalement, j'accepte maintenant ce qui est bon pour moi et je deviens une voie parfaite d'expression pour le Divin. »

« Je me présente à lui en chantant ; j'entre dans son palais avec des louanges ; je suis joyeux et heureux ; je suis tranquille et rempli d'assurance. »

« Une petite voix paisible murmure dans mon oreille et me révèle la parfaite réponse. Je suis une expression de Dieu. Je suis toujours à la place qui me revient en train de faire ce que j'aime faire. Je refuse d'accepter comme vraies les opinions des hommes. Je me tourne maintenant vers le rythme du Divin. J'entends la mélodie de Dieu qui murmure pour moi son message d'amour.

« Mon esprit est l'esprit de Dieu, et je reflète sans cesse la Sagesse Divine et l'Intelligence Divine. Mon cerveau est le symbole de ma capacité de penser sagement et spirituellement. Les idées de Dieu se développent en moi dans un ordre parfait. Je suis toujours rempli d'assurance, équilibré, calme et serein, car je sais que Dieu me révélera toujours la solution parfaite à tous mes besoins.

« Chaque fois que je penserai à ma femme, j'affirmerai immédiatement : Que la paix de Dieu remplisse ton âme. Dieu t'aime et te protège. »

En suivant cette méthode, il se débarrassa complètement de tous ses symptômes.

CHAPITRE 15

MARIAGE, SEXE ET DIVORCE

Une jeune fille en fauteuil roulant se lève et marche — Pourquoi elle n'aidait pas sa mère — Quoi faire quand vous priez — Il faut que vous vouliez être guéri — Pourquoi elle se sentait coupable au sujet de son divorce — Elle cita Matthieu 19 — Dieu est amour — ... Ce que Dieu a uni, que l'homme ne le sépare point — Le mariage a lieu dans l'esprit — L'ignorance est le seul péché et toute souffrance en est la conséquence — Nous vivons ensemble ; quelle est la différence ? — Garde ton cœur... car de lui jaillissent les sources de la vie — Qu'est-ce qu'un vrai mariage ? — Une visite à Londres — Un mariage sans espoir — Votre corps n'est pas responsable — Pourquoi elle le harcelait — Il est revenu vers elle — Pour discipliner l'esprit.

Notes personnelles :

_____

_____

_____

_____

_____

_____

_____

_____

_____

_____

_____

À Munich, une femme m'a demandé : « Quel rapport y a-t-il entre la foi et les œuvres ? C'est une question très pratique. Il est écrit : ... *la foi, si elle n'a pas les œuvres, est morte en elle-même* (Jacq. 2 : 17). Cependant, la foi dont il s'agit dans la Bible n'a rien à voir avec la foi en une religion, comme la foi juive, la foi catholique, la foi protestante ou le bouddhisme. Il s'agit de la foi dans la Loi créatrice de l'Univers, la foi que tout ce qui s'imprime sur l'esprit subconscient se réalisera.

Dans le langage de la Bible, la foi n'a rien à voir avec les religions. Ayez la foi que toute pensée est créatrice. Ce que vous sentez et imaginez comme vrai se réalisera, peu importe s'il s'agit de quelque chose de bon ou de mauvais. Votre vraie foi est la connaissance intérieure et silencieuse de votre âme ; c'est votre croyance intime, pratique et active concernant Dieu, la vie et vos semblables. C'est la croyance véritable de votre cœur rendue manifeste, non pas ce à quoi vous donnez superficiellement votre consentement intellectuel. Le livre des Proverbes dit :

Car comme une tempête dans l'âme, ainsi sont-ils (Prov. 23 :
17). Voilà votre foi véritable et votre vraie religion.

Le docteur Erhard Freitag, Leopoldstrasse BE 70, 8000
Munich 40, Allemagne de l'Ouest, m'a souvent invité à
donner des conférences en Allemagne et en Suisse. C'est un
célèbre psychologue spirituel, docteur en Science Divine,
un conférencier merveilleux et un professeur des pouvoirs
de l'esprit subconscient. Son associé, le professeur Manfred
G. Schmidt, a traduit plusieurs de mes livres dans la langue
allemande, et lui aussi est un grand métaphysicien et
conférencier. Ses traductions d'ouvrages métaphysiques
sont superbes car il transmet de façon instructive et
spirituelle la véritable pensée de l'auteur.

C'est sous les auspices du docteur Freitag que j'ai
prononcé des causeries à Francfort et à Munich, en
Allemagne ; à Vienne, en Autriche ; et à Zurich, en Suisse.
Dans toutes les villes que j'ai visitées, j'ai reçu un accueil
formidable. Il y a une profonde renaissance spirituelle en
Allemagne et en Suisse, et j'y ai constaté une soif et une
faim intenses pour les vérités éternelles. Plusieurs de mes
livres ont été traduits dans la langue allemande et tous mes
trente-cinq livres seront bientôt disponibles dans cette
langue.

Une jeune fille en fauteuil roulant
se lève et marche

Le professeur Schmidt m'a présenté une jeune fille qui
avait été clouée à un fauteuil roulant pendant plusieurs
années, mais qui peut marcher aujourd'hui. Elle avait
assisté aux causeries données par le docteur Freitag et elle
avait assidûment étudié *The Power of Your Subconscious
Mind**, et mis en application les techniques exposées. Elle
déclara que l'Intelligence Suprême qui l'avait créée pouvait

---

* Voir *The Power of Your Subconscious Mind*, par le docteur Joseph Murphy,
Prentice-Hall Inc., Englewood Cliffs, N.J., 1963.

et allait la guérir. Elle s'imagina aussi en train de faire toutes les choses qu'elle ferait si elle était guérie et en santé. Elle vécut littéralement ce rôle dans son esprit et découvrit que de pensée en pensée, d'image mentale en image mentale, à force de se les répéter et d'en ressentir toute la réalité, son esprit subconscient en devint imprégné et son désir devint objet sur l'écran de l'espace.

Pourquoi elle n'aidait pas sa mère

J'ai eu un entretien avec une jeune femme, à Vienne, en Autriche. Elle m'a dit qu'elle avait prié pour sa mère qui était hospitalisée pour des troubles cardiaques, mais que l'état de sa mère empirait. Cependant, au cours de notre conversation, j'ai appris que son esprit était rempli de symptômes aigus et dangereux, et non de la puissance de Dieu. Ses prières avaient tendance à amplifier le problème plutôt que de l'éliminer. La vraie prière consiste à penser à Dieu, mais elle pensait surtout aux infirmités, ce qui ne faisait que perpétuer l'invalidité de sa mère au lieu de lui donner une transfusion spirituelle.

Je lui ai suggéré de prier comme suit: «Ma mère est connue dans l'Esprit Divin. Dieu est, et sa Présence de Guérison coule en elle comme la paix, l'harmonie, la santé, la beauté et l'amour divin. Dieu l'aime et veille sur elle. Je sens et je sais qu'il n'y a qu'une Puissance et une Présence uniques de Guérison, et leur corollaire: Nul pouvoir ne peut défier l'action de Dieu. Je déclare que la vitalité, l'intelligence et la puissance de l'Infini sont en train de se matérialiser dans tout son être. Je suis reconnaissante pour la guérison qui s'accomplit maintenant. Je la confie à Dieu. Plus tard quand je prierai, je prierai comme si jamais je ne l'avais fait auparavant. Chaque fois que j'agis de cette manière, je donne plus de force à l'idée de santé et de vitalité qui pénètre dans le subconscient de ma mère, et la guérison se produit.»

Elle a suivi cette ordonnance spirituelle et j'ai reçu, plus tard, une merveilleuse lettre m'annonçant que sa mère était rentrée à la maison, forte et pleine de vie, et faisait tout ce qu'elle aimait faire.

Quoi faire quand vous priez

Lorsque vous priez au sujet d'une condition pathologique du cœur ou des poumons, ne pensez pas à la maladie de l'organe, car ce ne serait pas une pensée spirituelle. Les pensées sont des choses. Votre pensée spirituelle prend la forme de cellules, de tissus, de nerfs et d'organes. Penser à un cœur malade ou endommagé, ou à la haute tension artérielle, tend à suggérer plus que ce qui existe déjà.

Cessez de vous attarder aux symptômes, aux organes ou à toute autre partie du corps. Tournez votre esprit vers Dieu et vers son amour. Sentez et sachez que le pouvoir guérisseur de Dieu coule dans l'autre personne. Imaginez la personne pour laquelle vous priez comme étant pleine d'entrain, vivante et débordante d'enthousiasme. Entendez le malade vous parler du miracle de Dieu qui lui est arrivé dans sa vie. Faites ceci chaque fois que vous avez envie de le faire et vous obtiendrez de merveilleux résultats.

Il faut que vous vouliez être guéri

À Munich, une femme qui souffrait d'arthrite est venue me consulter. Elle prenait de l'aspirine et de la codéine, des bains chauds, des traitements de chaleur, etc., mais, à son avis, son arthrite s'aggravait.

Je lui ai expliqué que le mot « ite » indique une inflammation de l'esprit. Autrement dit, il devait y avoir un sac de poison dans son esprit subconscient, comme un profond ressentiment, de l'hostilité ou un refus de pardonner. Elle m'avoua qu'elle avait volé à sa mère de grosses sommes d'argent pendant une certaine période de temps. Sa mère était depuis rendue dans l'autre dimension de la vie et elle se sentait très coupable. Elle croyait qu'elle devait être punie et c'est ce qui causait son état inflammatoire.

Souvent, la guérison est dans l'explication. Je lui ai demandé si elle volerait encore maintenant. Elle m'a répondu : « Non. Ma vie est bonne et honnête. » Je lui ai rappelé alors que spirituellement, mentalement et physiquement, elle n'était plus cette même femme qui avait volé de l'argent, jadis. Je lui ai dit : « Vous êtes aussi bonne que si vous n'aviez jamais été méchante. » Le Principe de Vie, ou Dieu, ne punit jamais et ne garde pas de rancune. Vous êtes pardonnée lorsque vous vous pardonnez à vous-même. La vie pardonne lorsque vous vous pardonnez à vous-même et aux autres. Votre sentiment de culpabilité vous a placée dans cette situation. Changez d'attitude maintenant et vous serez guérie. Le pardon est un échange au moyen duquel vous remplacez la peur par la foi en Dieu, la maladie par la santé, la pauvreté par la richesse, la souffrance par la paix. Autrement dit, vous échangez des émotions négatives et destructives pour l'harmonie, la santé et la paix d'esprit.

Je lui ai suggéré de réciter souvent la prière suivante, en s'assurant de ne pas nier ensuite ce qu'elle aurait affirmé : « Tout est esprit et la manifestation de l'Esprit. Ma vie est la vie de Dieu ; aujourd'hui, je suis parfaite. Tous mes organes sont des idées de Dieu, qui me soigne et m'accorde ses bienfaits. Je suis un être spirituel ; je suis la réflexion parfaite d'un Dieu parfait. Je sens et je sais que je suis parfaite dans tous les domaines ; je suis spirituelle, divine et sainte. Je ne fais qu'un avec mon Père, et mon Père est Dieu. J'exprime l'harmonie, la paix et la joie. Tous les progrès de mon corps et de mes affaires sont gouvernés par l'Intelligence Infinie, qui est le Principe actif, toute-sagesse, honnête, appelé Dieu. Je sais que je suis plongée dans la Sainte Omniprésence et chaque atome, tissu, muscle et os de mon être est inondé par la splendeur de la Lumière infinie. Mon corps est le corps de Dieu ; j'ai la plénitude et la santé. Je ne fais qu'un avec Dieu. Mon esprit baigne dans la paix que procure la compréhension, et tout est bien. Je te remercie, Père. »

Elle m'a écrit récemment, et elle me dit que l'œdème diminue, que les dépôts calcaires disparaissent et que la douleur s'est calmée. Je sais qu'en continuant, elle sera complètement guérie.

Zurich, patrie du regretté Carl Jung, connaît un grand réveil spirituel. Le docteur Freitag prononce souvent des conférences en Suisse et il compte un grand nombre de disciples dans plusieurs grandes villes. J'ai vu des salles qui débordaient dans toutes les villes que j'ai visitées, y compris Zurich.

À mon hôtel de Zurich, une femme est venue me consulter et m'a raconté qu'elle avait donné 100 000 francs à un escroc. Il semble qu'elle avait eu des difficultés pour être admise aux États-Unis et il lui avait dit qu'avec cette somme, il pouvait tout arranger. Elle avait fait preuve de négligence, d'insouciance et d'indifférence. Elle avait négligé de consulter un avocat ou de rapporter cette proposition de pot-de-vin à un représentant du consulat américain. Autrement dit, elle ne s'était pas servi de son jugement.

Elle a admis qu'elle avait été ridicule et naïve, et qu'elle avait été victime d'une suggestion négative. Les chevaliers d'industrie réussissent souvent à dépouiller leurs victimes parce que celles-ci ne se servent pas de leur logique, sont cupides et cherchent des gains faciles. Rien n'est gratuit. La suggestion de l'escroc qu'il pouvait soudoyer un fonctionnaire et lui obtenir un visa et les documents nécessaires avait provoqué sa fausse croyance et ses motifs ultérieurs. Elle aurait rejeté cette suggestion de corruption si elle avait été honnête, franche et directe. Souvenez-vous que la suggestion d'un autre n'a pas le pouvoir de créer ce qu'elle suggère. Vous pouvez la refuser. Si vous l'acceptez, c'est alors un mouvement de votre propre pensée. Les autorités locales de Zurich ont avisé cette jeune femme que le même homme avait escroqué de l'argent à plusieurs veuves et qu'il était présentement en Allemagne de l'Est.

Je lui ai suggéré qu'elle ne pouvait pas perdre cet argent à moins d'admettre cette perte maintenant. Je lui ai aussi suggéré de réciter la prière suivante : « Je suis mentalement et spirituellement unie aux 100 000 francs que j'ai remis à _____. Cette somme me revient multipliée selon l'Ordre divin. » Je lui ai expliqué qu'elle ne devait pas par la suite nier ce qu'elle avait affirmé et que son subconscient amplifie toujours ce qu'elle imagine. L'argent lui sera rendu d'une manière qu'elle ne connaît pas. Les voies du subconscient sont impénétrables.

Ceci se passait il y a environ un mois et au moment d'écrire ces lignes, je n'ai pas eu de ses nouvelles ; mais, je sais que si elle reste fidèle à sa prière, elle recevra une réponse amplifiée et multipliée. Il ne faut jamais admettre une perte. Vous pouvez toujours retourner au Centre et réclamer votre bien de la Réserve Infinie en vous ; l'Esprit en vous honorera et validera votre demande.

Pourquoi elle se sentait coupable au sujet de son divorce

Au cours d'un entretien avec une femme à Francfort, Allemagne, j'ai appris qu'elle se sentait coupable et pensait qu'elle avait péché gravement parce qu'elle avait divorcé avec son mari alcoolique qui avait été très méchant envers elle et leurs deux enfants. Il était aussi un mauvais pourvoyeur.

Je lui ai demandé si elle n'avait pas un sentiment tenace, une perception intuitive intérieure, qui persistait en elle avant son mariage. Elle m'a répondu que c'était le cas mais qu'elle n'y avait pas prêté attention. C'était la voix intérieure de son Moi supérieur qui cherchait à la protéger. C'est cette conscience intérieure, cette connaissance silencieuse intérieure, qui cherche toujours à vous protéger.

Plusieurs hommes et plusieurs femmes rejettent complètement ces avertissements intérieurs, ces murmures et ces soupirs des cordes du cœur. Il n'est pas bon de se marier lorsque cette connaissance intérieure persiste.

Je lui ai expliqué qu'il n'est pas bon de vivre un mensonge, et que le divorce n'était pas mauvais pour elle parce qu'ils étaient déjà tous deux mentalement divorcés de l'amour, de l'harmonie, de la paix, de l'honnêteté, de l'intégrité, de la bonté et de la bonne volonté.

Elle cita Mathieu 19

Apparemment, elle connaissait les versets par cœur:

Ils lui dirent: « *Alors pourquoi Moïse a-t-il prescrit de délivrer un acte de divorce et de répudier?* » *Il leur dit:* « *C'est à cause de la dureté de vos cœurs que Moïse vous a permis de renvoyer vos femmes. Mais, au commencement, il n'en était pas ainsi. Je vous le déclare, quiconque renvoie sa femme, sauf le cas d'impudicité, et en épouse une autre, commet l'adultère.* » (Matt. 19: 7-9)

La Bible est un livre psychologique et spirituel qui doit être interprété du point de vue de sa signification profonde. L'ignorance de cette signification intérieure est toujours cause de confusion, de culpabilité, de misère et d'échec. Elle s'était mariée hors de l'Église, au cours d'une cérémonie religieuse. Sa parenté lui avait dit qu'elle avait péché et qu'elle serait inévitablement punie.

La première chose qu'il faut savoir au sujet du mariage c'est que nul rabbin, prêtre, ministre ou juge, ne peut sanctifier un mariage. Ils ne font que matérialiser extérieurement une entente intime entre un homme et une femme. Nulle église sur la surface de la terre ne peut sanctifier un mariage. Le mariage est l'union de deux âmes qui sentent la Présence de Dieu l'une dans l'autre. Autrement dit, chacun est uni à la présence de Dieu en lui et en elle.

Dieu est amour

Lorsque deux cœurs s'unissent dans l'amour et sont justes, honnêtes et sincères l'un envers l'autre, c'est Dieu, ou l'amour pur, qui unit deux personnes ensemble. C'est l'union de deux âmes qui cherchent à retourner au cœur de la réalité. À dire vrai, chacun est marié ou uni à un Dieu d'amour, car Dieu est amour.

Je lui ai expliqué qu'un mariage fondé sur des mensonges, des faussetés ou des motifs ultérieurs, est un mensonge absolu et complètement faux à tous points de vue. Il est idiot de prétendre que Dieu, ou l'amour, est présent dans tous les mariages. Son ex-mari lui avait menti. Il ne lui avait jamais dit qu'il était alcoolique, qu'il avait déjà divorcé trois fois et avait abandonné sa famille précédente. Ce soi-disant mariage était une complète farce, une comédie et une mascarade. Cette femme s'est rendu compte qu'il l'avait épousée parce qu'elle était belle, riche et attirante, et probablement parce qu'il voulait compenser et satisfaire son complexe d'infériorité et son échec dans la vie.

Après que je lui eus expliqué la signification profonde des versets auxquels elle avait fait allusion, elle se trouva libérée d'un sentiment de culpabilité fondé sur de faux enseignements qu'elle avait reçus auparavant. Je lui ai recommandé la prière qui suit en lui disant qu'elle ne devait pas renier ce qu'elle avait affirmé. Je lui ai expliqué qu'elle n'obtient pas ce qu'elle veut dans la vie, mais qu'elle reçoit selon l'équivalent mental qui doit être fixé dans son esprit subconscient. Autrement dit, lorsqu'elle pense de façon intéressée aux qualités qu'elle admire chez un homme, elle établira graduellement cet idéal dans son esprit. Puis, en vertu de la loi du subconscient, elle attirera la personnification de son idéal. Voici la prière que je lui ai suggérée :

« Je sais que je ne fais qu'un avec Dieu, aujourd'hui. En Lui je vis, je bouge et je suis. Dieu est la vie, cette vie est la vie de tous les hommes et de toutes les femmes. Nous sommes tous les fils et les filles d'un seul Père.

« Je sais et je crois qu'un homme m'attend pour m'aimer et me chérir. Je sais que je suis capable de contribuer à sa paix et à son bonheur. Il aime mon idéal, et j'aime son idéal. Il ne veut pas me transformer, et je ne veux pas le transformer. Il y a l'amour, la liberté et le respect mutuels.

« Il n'y a qu'un esprit ; je le connais maintenant dans cet esprit. Je m'unis maintenant aux qualités et attributs que j'admire et dont je veux voir l'expression dans mon mari. Dans mon esprit, je ne fais qu'une avec eux. Nous nous connaissons et nous aimons déjà dans l'Esprit Divin. Je vois le Dieu en lui ; il voit le Dieu en moi. Après l'avoir rencontré en moi, je dois le rencontrer en dehors de moi ; car, ceci est la propre loi de mon esprit.

« Ces paroles partent et accomplissent leur mission là où il se doit. Je sais que c'est maintenant fait, fini et accompli en Dieu. Merci, Père. »

Cette femme m'a adressé une lettre magnifique. Elle m'a écrit qu'elle a trouvé le bonheur dans le mariage et qu'elle est en voyage autour du monde. L'amour ne trompe jamais.

... Ce que Dieu a uni, que l'homme ne le sépare point (Matt. 19 : 6).

Une mauvaise interprétation de ce verset est à la source d'une grande confusion et d'un sentiment de culpabilité pour un grand nombre de gens qui croient que, parce qu'ils se sont mariés dans une église en particulier, il est mal de divorcer car c'est un péché. Rien n'est plus loin de la vérité. Dieu est amour ; et, si l'amour n'unit pas deux personnes, il n'y a pas de mariage véritable. Dieu, ou l'amour, n'existe pas dans de telles unions. Donc, en réalité, l'entière performance n'est qu'une comédie.

Comme je l'ai déjà dit dans d'autres livres, j'accomplis des cérémonies de mariage pour des hommes et des femmes, ici à Leisure World, et plusieurs sont âgés de soixante-quinze et quatre-vingts ans. Souvent, l'homme me dit qu'il est complètement épuisé sexuellement, mais ils sont honnêtes, droits et parfaitement sincères entre eux. L'honnêteté, l'intégrité, la justice et la bonne volonté sont tous les enfants de l'amour. Par conséquent, c'est Dieu, ou l'amour, qui les unit tout comme s'ils n'étaient âgés que de vingt ou vingt-cinq ans.

Le mot *homme*, tel qu'il est mentionné dans les versets de la Bible cités plus haut, signifie la manifestation sur l'écran objectif de l'espace. Lorsque l'amour unit deux personnes ensemble, rien ne peut les séparer, que ce soit une situation, une condition, ou des circonstances objectives, ni même les beaux-parents. Rien ne peut s'opposer à l'Amour divin. Tous tant que nous sommes vivons dans un monde subjectif et objectif, et nous exprimons objectivement sur l'écran de l'espace ce qui est écrit dans notre subconscient, ou esprit subjectif. Voilà la signification de cette vérité de tous les temps : « Au-dedans, comme au-dehors ».

Le mariage a lieu dans l'esprit

J'ai suggéré à plusieurs femmes qui connaissent les lois de l'esprit de choisir une personne au monde qui aimerait recevoir de bonnes nouvelles à leur sujet, puis, avant de s'endormir, d'entendre cette personne leur dire à maintes reprises ce qu'elles aimeraient entendre. Dans cet état somnolent et d'assoupissement, il se produit un affleurement de votre esprit subconscient, et ceci est une excellente manière de féconder votre esprit profond en même temps que vous entrez dans les profondeurs du sommeil.

Plusieurs veuves et autres m'ont dit : « Je vous ai entendu me dire à plusieurs reprises avant de m'endormir : Je vous prononce mari et femme. Alors je me suis endormie profondément. » Votre dernier concept à l'état d'éveil se grave dans les profondeurs de votre esprit. La sagesse du subconscient décide comment le matérialiser. Ces femmes savent que toutes les transactions ont lieu dans l'esprit, et lorsqu'elles pensent au mariage, elles savent déjà qu'elles épouseront quelqu'un qui correspond à l'idéal qu'elles ont dans l'esprit. Dans la prière, vous allez toujours au but et, ayant vu et senti ce but, vous allez vivre les moyens de réaliser ce but.

« Je vous prononce maintenant mari et femme » sont les paroles que j'utiliserais à la fin de la cérémonie. Par conséquent, ce qui s'est déjà produit dans l'esprit doit aussi se réaliser dans le monde objectif. Presque chaque fois que des femmes ont utilisé cette technique, elles ont connu la joie de voir leur prière exaucée. La cérémonie extérieure, ou le mariage, ne faisait que confirmer les agissements intérieurs de leur imagination et de leurs sentiments.

L'ignorance est le seul péché et toute souffrance en est la conséquence

Au cours de sa méditation, le Bouddha voulut savoir la cause de toutes les souffrances et les misères de l'Inde. La réponse qu'il reçut était l'*ignorance*. Enseignez aux gens la Vérité de l'Être. Comme vous savez, l'ignorance de la loi n'est pas une excuse : c'est ce que dit le code civil. Si vous brûlez un feu rouge, il est inutile de plaider ignorance du code civil ou de la loi. Vous devrez quand même payer une amende.

Nous vivons ensemble ; quelle est la différence ?

J'ai entendu cela à plusieurs reprises. Le collégien qui connaît tout, dira : « Je couche avec différentes filles et je fais l'amour avec elles. Qu'y a-t-il de mal à cela ? » Je lui réponds : « De quoi avez-vous peur ? Avez-vous peur de vous compromettre ? Essayez-vous de fuir vos responsabilités ? Avez-vous un complexe d'infériorité ? L'amour est un état d'appartenance unique. Quand vous aimez une fille, vous ne faites rien sans amour. Vous évitez le problème. L'amour est toujours confirmé objectivement. Vous devez prouver votre amour. »

J'ai eu l'occasion de parler avec plusieurs jeunes femmes qui avaient vécu avec le « garçon idéal ». Elles l'aimaient à leur façon et désiraient l'épouser. Par la suite elles oublient de prendre la pilule et deviennent enceintes. L'histoire est très connue. Le jeune homme abandonne la fille, déclare qu'il n'est pas responsable et dit que quelqu'un d'autre l'a rendue enceinte. Où est l'amour ? L'honnêteté ? L'intégrité ?

« Quel non-sens », dis-je à ces jeunes hommes qui me racontent qu'ils couchent avec plusieurs filles sur le campus. « Pourquoi n'invitez-vous pas votre sœur sur le campus pour la présenter à tous ces merveilleux amants ? » Naturellement, vous connaissez très bien la réponse. « Ma sœur ? Je préférerais la tuer. » Comme vous voyez, il s'agit toujours de la sœur de l'autre. Quelle hypocrisie abjecte ! Quand vous blessez quelqu'un, vous vous blessez vousmême.

Lorsqu'elles s'adonnent à ce qu'elles appellent l'amour libre et qu'elles deviennent enceintes, plusieurs de ces filles sont remplies de culpabilité. Leur soi-disant amoureux les abandonnent. Souvent, elles se suicident, ou deviennent des prostituées. Celui qui les abandonne et qui est responsable de leur grossesse ne peut échapper à ses devoirs, et la loi de son subconscient réagit à sa façon.

Regardez bien ceux qui disent qu'ils n'ont pas besoin de la cérémonie du mariage ou de ce qu'ils appellent un morceau de papier. Généralement, ils manquent beaucoup de sincérité, ils sont remplis de crainte, belligérants, belliqueux et affichent un manque total de sécurité. Ils ont peur que l'union soit vouée à l'échec. Ils ont peur des responsabilités. Il n'y a pas d'amour ; par conséquent, toute l'aventure n'est qu'une flagrante hypocrisie.

Certains vous diront qu'ils vivent ensemble comme mari et femme à cause des impôts. Ceci est complètement faux. Je leur réponds : « Très bien. Si vous êtes mariés dans votre cœur et que votre amour est véritable, pourquoi ne pas le confirmer objectivement ? Tout ce qui est rendu subjectif est toujours rendu manifeste dans le monde objectif. Si l'un de vous devait mourir cette nuit, qu'avez-vous fait pour assurer l'avenir de votre partenaire ? Supposons que vous mouriez pendant votre sommeil ce soir. Laisserez-vous une assurance de 100 000 $ ou de 200 000 $ pour l'avenir de votre conjoint ? Vous devez prouver votre amour. »

Je dis aux femmes : Ne portez pas attention à ce qu'un homme vous dit. Surveillez ce qu'il fait. Ce qu'il fait est ce qui compte. Femmes, réveillez-vous !

Garde ton cœur... car de lui jaillissent les sources de la vie (Prov. 4 : 23)

Dans le symbolisme hébreu et dans le langage imagé de la Bible, le cœur signifie Votre esprit subconscient. Ceci signifie que chaque action a une réaction égale et correspondante. Ceci signifie aussi que tout ce que vous transmettez à votre subconscient avec conviction, prendra forme et se manifestera comme fonction, expérience ou événement. Définitivement, le mariage est l'œuvre du cœur (centre de l'amour), et non pas de l'église, d'un temple, d'un magistrat ou d'un tribunal. Si cela est vrai, et c'est le cas, il s'ensuit un état extérieur pour confirmer l'état d'esprit intérieur. Autrement, il y a quelque chose d'affreusement mauvais. Toutes les actions de l'union de l'esprit conscient avec l'esprit subconscient proclament que ce que vous faites à l'intérieur trouvera sa manifestation à l'extérieur.

Qu'est-ce qu'un vrai mariage ?

C'est un mariage de cœur, et le cœur, ou esprit subconscient, est la demeure de Dieu. Vous êtes le temple du Dieu Vivant. Tous les pouvoirs de Dieu sont en vous.

Vous pouvez appeler ce pouvoir votre Moi supérieur, JE SUIS. Allah, Brahma, Ain Soph, l'Âme supérieure ou l'esprit Vivant Tout-puissant. En réalité, il n'a pas de nom. Les anciens mystiques disaient : « Si vous le nommez, vous ne pouvez le trouver, et si vous le trouvez, vous ne pouvez le nommer ».

Une visite à Londres

Sous les auspices du docteur Evelyn Fleet, j'ai fondé le Forum de la Vérité à Caxton Hall, Londres, en Angleterre au début des années cinquante. Au fil des ans, j'y ai donné des causeries et organisé des séminaires. Au cours d'un récent voyage, j'ai eu le privilège de présider à l'ordination de Michael Grimes qui donne des conférences sur les lois de l'esprit à Caxton Hall. Il est un merveilleux et extraordinaire professeur et un étudiant sérieux des lois de la Vie et des voies de l'Esprit-Saint.

Au cours d'une récente visite à Londres, il a gracieusement organisé une session conjointe de la *Science du Mental* et du *Mouvement de l'Unité* à Londres, sous la direction du Docteur Ralph Seelig, qui est absolument extraordinaire dans sa promotion des grandes vérités de la vie. Lui-même et sa charmante femme diffusent les vérités éternelles d'une façon merveilleuse, et ils sont éclairés et bénis d'innombrables manières. Le docteur Grimes et le docteur Seelig jouissent du double bienfait d'avoir des femmes merveilleuses qui les encouragent à aller de l'avant, vers le haut et vers Dieu.

Un mariage sans espoir

Un mari et sa femme m'ont rendu visite à l'hôtel de St-Ermin, voisin de Caxton Hall, endroit où je prononce habituellement mes causeries lorsque je suis à Londres, Angleterre. Ils m'ont raconté qu'ils s'étaient épousés dans l'Église d'Angleterre mais que leur situation était devenue intolérable. Il m'avoua qu'il était cruel envers elle et qu'il l'avait fouettée à quelques reprises pour obtenir ce qu'il a appelé un soulagement sexuel. La femme semblait croire que c'était péché de divorcer. Elle avait des idées bizarres, grotesques et superstitieuses sur le mariage.

Je leur ai expliqué que le mariage n'est pas un permis de cruauté, de flagellation, de négligence et d'abus. Le mari était évidemment un psychopathe sadique. Il admettait être un batteur de femmes. En réalité, sa femme était son principal soutien. Son pasteur lui avait dit qu'elle devait rester avec lui malgré ses débauches et ses déviations sexuelles. Naturellement, ceci est absolument stupide et insensé. Aucune Bible du monde n'enseigne une chose semblable.

Un grand nombre de gens, y compris certains hommes d'église, pourraient et devraient être mieux renseignés s'ils étudiaient l'exégèse de la Bible, ou s'ils lisaient Philo Judaeus qui, il y a 2000 ans, a fait un exposé allégorique des cinq Livres de Moïse, et ils se rendraient compte que la Bible tout entière est allégorique, mystique, figurative, idiomatique, et qu'elle est remplie de fables, de mythes, de cryptogrammes et de nombres. Le Nouveau Testament est rempli de paraboles et nulle personne qui est saine d'esprit ne les interprète littéralement.

Par exemple, les mots *fornication* et *adultère* dans la Bible ne font pas allusion à de simples actes physiques. L'esprit agit sur le corps. Le corps est un véhicule. Il bouge comme on bouge sur lui; il agit comme on agit sur lui. Le corps ne fait rien à moins que l'esprit n'agisse sur lui. Sur votre corps, vous pouvez jouer une mélodie d'amour ou un hymne à la haine. Autrement dit, votre corps n'agit que sur les ordres de votre esprit. Ceci est certainement simple et ne demande pas d'explications.

La Bible dit : ... *Quiconque regarde une femme pour la désirer a déjà commis, dans son cœur, l'adultère avec elle* (Matt. 5 : 28). Ce qui précède nous révèle et illustre qu'avant tout, l'adultère a lieu dans le cœur ou dans l'esprit subconscient. Et, naturellement, votre corps agit selon ce qui est inscrit sur votre esprit subconscient.

Votre corps n'est pas responsable

Votre corps est gouverné par des forces mentales et spirituelles. Vos rapports avec Dieu, les hommes et l'univers, sont déterminés par votre attitude mentale. Ces deux personnes découvrirent la signification spirituelle des passages de la Bible et, comme résultat, elles ont décidé de mettre fin à la supercherie. Elles ont appris qu'en réalité, la fornication est de l'idolâtrie, c'est-à-dire l'adoration de faux dieux, ou la cohabitation avec le mal dans le lit de votre esprit.

Si vous accordez un pouvoir aux étoiles, ou si vous dites que les autres exercent un pouvoir sur vous, ou qu'un ventilateur vous donne le torticolis, etc., vous faites des faux dieux de ces choses parce que vous accordez des pouvoirs à des choses créées plutôt qu'à Celui qui les a créées. Au sens de la Bible, vous forniquez lorsque vous accordez des pouvoirs au vaudou, à la magie noire, aux horoscopes, aux mauvaises entités ou à toute autre puissance extérieure. Dieu est la seule Présence et le seul Pouvoir. Vous arrêtez de forniquer lorsque vous donnez votre suprême allégeance au JE SUIS en vous, la seule Présence et le seul Pouvoir. Lorsque vous cohabitez avec la rancune, la rogne, le ressentiment et la mauvaise volonté, dans le lit de votre esprit, vous engendrez une mauvaise progéniture.

La Bible traite du côté subjectif de la vie et ne porte pas sur les doctrines, les dogmes, les formules et règlements de mariage qui ont été établis par différentes églises. L'adultère et l'idolâtrie sont la même chose. Nous parlons de produits chimiques, comme le chlorure de sodium par exemple, comme étant chimiquement purs. Tous les édulcorants ont été enlevés ; ils ne contiennent pas de substances étrangères. De la même manière, vous devez nettoyer votre esprit et cesser d'accorder des pouvoirs à des facteurs externes, à des gens, conditions et circonstances. Autrement dit, cessez d'adorer de faux dieux.

Les gens qui ont l'esprit spirituel n'accordent pas de pouvoirs au monde des phénomènes. Elles accordent des pouvoirs au Créateur et non pas à la chose créée. L'adultère est le fait du cœur (l'esprit subconscient). Le corps ne fait rien de lui-même. Les actions physiques sont précédées par des émotions et des états d'esprit. Chaque fois que vous vous unissez mentalement et émotionnellement avec de fausses idées et des concepts superstitieux, vous commettez la fornication. Chaque fois que vous vous attardez mentalement sur quelque chose et que cette chose est vraie, cette chose s'empare de votre esprit conscient avec votre esprit subconscient, et quelque chose naît de cette union, quelque chose qui s'appelle le fils, qui témoigne du père et de la mère. Le fils est la manifestation ou objectivation de votre idée, bonne ou mauvaise.

Pourquoi elle vous harcelait

À Londres, une femme m'a dit que son mari avait perdu tout son argent à la bourse et qu'il se sentait morose, morbide et profondément déprimé. Il voulait le divorce sous prétexte qu'elle le harcelait à le faire mourir.

Je lui ai expliqué que le harcèlement était à peu près la manière la plus rapide pour dissoudre un mariage et lui ai suggéré que dans le moment, son mari avait plutôt besoin d'encouragement et de soutien. Elle me parla de ses bonnes qualités et de son beau comportement lorsqu'elle l'avait épousé. Je lui ai dit que ces mêmes qualités et traits de caractère l'avaient attirée vers lui au début, existaient encore et ne demandaient qu'à être ressuscités. Ceci est possible grâce à la prière scientifique.

Je lui ai recommandé de réciter souvent la prière suivante, en lui soulignant qu'il recevrait cette élévation spirituelle dans son subconscient et que tous deux s'en réjouiraient : « Je sais que mon mari est sensible à mes pensées et mes imaginations constructives. Je déclare, je sens et je sais que la paix réside au centre de son être. Mon mari est divinement guidé dans tous les domaines. Il est une voie du divin. L'amour de Dieu comble son esprit et son cœur. Entre nous, il y a l'harmonie, la paix, l'amour et la compréhension. Je l'imagine heureux, en santé, joyeux, amoureux et prospère. Je l'entoure et l'enveloppe avec le cercle sacré de l'amour de Dieu, cercle inexpugnable, imperméable et invulnérable devant toute négation. »

Ils eurent une discussion alors que j'étais à Londres et décidèrent de prier et de rester ensemble. Dernièrement, son mari a pu obtenir un poste très bien rémunéré. La prière change les choses ; elle change la personne qui prie.

Gardez l'esprit orienté vers Dieu et ceci empêchera votre esprit de dériver vers les faux dieux et les croyances erronées du monde. Lorsque surgissent des problèmes matrimoniaux, la solution est de louer Dieu l'un dans l'autre. Parlez à l'esprit de votre femme, ou de votre mari, comme suit : « L'Esprit en moi parle à l'Esprit de Jean, ou de Marie, et il y a l'harmonie, la paix, l'amour et la compréhension entre nous, en tous temps. Dieu pense, parle et agit par moi, et Dieu pense, parle et agit par mon mari, ou ma femme. » En prenant cette habitude, votre mariage grandira dans la bénédiction et la beauté, à travers les années.

Il est revenu vers elle

Un pharmacien de Londres s'était querellé avec sa femme. Comme résultat, elle le quitta et épousa quelqu'un d'autre. Lui aussi épousa quelqu'un d'autre. Cependant, il restait marié dans son cœur avec sa première femme. Elle, aussi, s'ennuyait de lui et le lui avoua. C'était l'amour qui les avait unis en premier lieu. Il n'y avait pas d'amour véritable dans sa situation présente. Il s'en rendit compte et laissa l'amour de son cœur les unir une autre fois. C'est mauvais de vivre un mensonge. Il est beaucoup plus décent et honorable de briser un mensonge que de le vivre.

La réponse à tous les problèmes est un réveil spirituel. Si l'on savait comment prier scientifiquement, beaucoup de mariages n'auraient jamais lieu. Dans le même ordre d'idées, s'il y avait un réveil spirituel et un profond respect pour tout ce qui est divin, plusieurs divorces n'auraient pas lieu. Seul Dieu et son amour peut panser les blessures des cœurs blessés et libérer ceux qui sont captifs.

Pour discipliner l'esprit

... *Elle se trouva enceinte par le fait de l'Esprit-Saint* (Matt. 1 : 18). L'Esprit-Saint signifie le Saint (entier) Esprit ou Dieu qui réside dans les profondeurs inconscientes de tous les hommes. *Joseph* est votre esprit conscient, de choix et de volonté. *Marie* représente votre esprit plus profond rempli de qualités, attributs et pouvoirs de Dieu. Joseph, l'esprit conscient, devrait être un guide et un protecteur pour le saint enfant, lequel est votre conscience de la présence et du pouvoir de Dieu en vous. Votre pensée est Joseph et vos sentiments ou émotions sont Marie. Lorsque tous deux s'unissent dans la paix et l'harmonie, votre prière est exaucée ; c'est Dieu à l'œuvre. C'est ainsi que fonctionne votre esprit, et la connaissance de ceci est la naissance du Saint Enfant, ou de la Sagesse, en vous.

Pratiquez une relation harmonieuse, synchrone et joyeuse entre votre esprit conscient et votre esprit subconscient, et vous obtiendrez la santé, la paix, la force et la sécurité. Enchâssez l'idée juste dans votre esprit ; dans votre cœur, vous éprouverez alors le sentiment vrai. L'union de votre pensée et de votre sentiment représente le couple marié en vous ; lorsque vous vous fusionnez, le troisième élément, la paix (Dieu), pénètre et vous connaissez la joie de la prière exaucée. Laissez votre cœur devenir un calice pour l'amour de Dieu et une crèche pour sa naissance ; alors, comme résultat, vous exprimerez et produirez un enfant qui sera Dieu sur terre.

Achevé   Imprimerie
d'imprimer Gagné Ltée
au Canada Louiseville

Réimpression février 1990